半笑い
Hanwarai

JN216598

砂にまみれて飯を食う

午前中に勝ちを決め最終レースで駄目を押す
"ダート競馬"の儲け方

はじめに

　この本を手に取ってくださった皆さん、こんにちは。そして、ありがとうございます。競馬予想家・分析家の"半笑い"と申します。

　私はこれまで、競馬の「ラップタイム」（レースを幾つかの区間に分けた走破タイム）をもとに予想する手法で、何冊かの著書を上梓し、予想サイトを運営し、また自分の馬券も購入してきました。まさに「半笑いの予想＝ラップタイム」なのですが…しかしこの本は、少し趣きが違う内容となっています。もちろんベースにはラップタイムに関する考察・分析がありますが、しかしラップタイムを直接詳細に分析しなくても、その要素から導かれた馬券攻略の手掛かりが分かるように構成してみました。

　ラップタイムを用いる予想の最大の欠点は、分析が煩雑で手間と時間が掛かることなのですが、この部分をなるべく省いて費用対効果を上げることを追求しました。

　詳細は本編で説明しますが、ダートコースで行われるレースのみを取り扱うことによって、その費用対効果を上げることに成功したと確信しています。一言で言えば「ラップの分析を最小限にして、ラップ予想の要素を最大限取り入れる」ための一冊になっています。

　このために、本書は以下のような構成になっています。

第1章「なぜ、ダートなのか」

　芝に比べて、ダートのレースが当てやすく儲かる5つの理由を説明します。

第2章「ダートで飯を食うには」

　ダートのコースを7つのカテゴリーに

分類するという、本書の根幹となる考え方について説明します。単純に得意な競馬場や得意な距離というだけではなく、本質的な"適性"を見抜く分類法なので、新聞の馬柱の見え方が劇的に変わる内容です。

この本質的な"適性"のベースにはコースごとのラップタイムの傾向があるので、ここで競馬におけるラップタイムの意味と、レースとの相関についても簡単に説明します。

第3章「JRA28コース完全攻略」

JRAのダート主要28コースについて、それぞれのコースの予想において必要なことを解説します。第2章の分類に従って同じカテゴリーを重視するのは当然ですが、別のカテゴリーでも評価すべき点と度外視してもいい点をしっかり解説します。

各コースの平均ラップや脚質の傾向も詳しく掲載していますので、データとしてもご活用ください。

第4章「さらに美味い飯を食うために」

第3章を踏まえて、予想を馬券に落とし込む手法を説明していきます。季節や天候、枠順や斤量など、さらに美味しく"飯を食う"ために有効な"トッピング"の要素について、詳しく説明します。

またこれを活用して、実際に競馬新聞を見ながら馬柱をどう見て行くか、実際のレースをもとに具体的に解説します。

以上です。

それでは前置きはこのぐらいにして、早速本題に入りましょう。少しでも早く、ダートで飯を食うために。

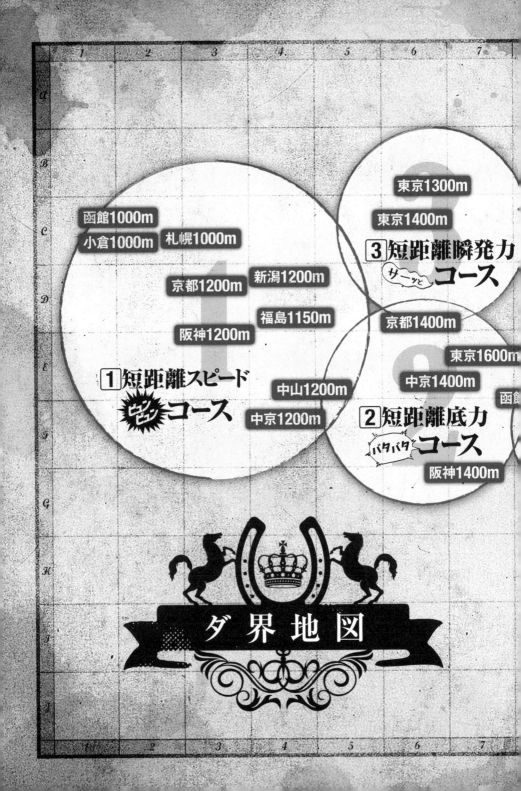

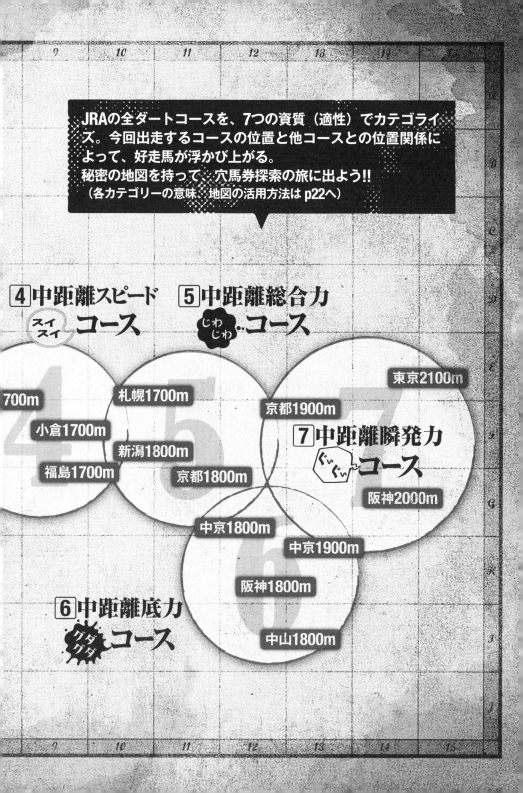

はじめに 2
ダ界地図 4

第1章 なぜ、ダートなのか 9

ダート戦が儲かる5つの理由 10
❶ イメージや情報量の割に、実はレース数が多い 10
❷ レースの流れがある程度決まっていて、展開がシンプル 11
❸ 馬場によるバイアスが、芝に比べて単純 14
❹ 騎手の腕によって結果が左右されづらい 15
❺ 馬の資質がそのまま結果に反映される割に、配当もそれなりに高い 17

第2章 ダートで飯を食うには 19

❶ 基本的な考え方〜ダートコースを分類する 20
❷ ダートコースの7カテゴリー 22
❸ 競走馬の資質について〜ラップタイム分析の基本 28
❹ 具体的な競馬予想の手順 31

第3章 JRA28コース完全攻略 35

東京競馬場　1300m／1400m／1600m／2100m 36

中山競馬場	1200m／1800m	52
京都競馬場	1200m／1400m／1800m／1900m	60
阪神競馬場	1200m／1400m／1800m／2000m	76
中京競馬場	1200m／1400m／1800m／1900m	92
札幌競馬場	1000m／1700m	108
函館競馬場	1000m／1700m	116
新潟競馬場	1200m／1800m	124
福島競馬場	1150m／1700m	132
小倉競馬場	1000m／1700m	140

第4章 さらに美味い飯を食うために　149

深い予想のために、合わせて考えたいトッピング"要素	150
❶ 枠　順	150
❷ 斤　量	151
❸ 先行力	152
❹ 上がり	153
❺ 調　教	154
❻ 季　節	155
❼ クラス	159
❽ 新馬戦	161
実際の新聞を使っての攻略法	163
"トッピング"によるアレンジで、高配当を仕留めた成功例	166

おわりに　170

[特別コラム]　JRAダートGⅠ　ワンポイント攻略　148

※データ集計期間は、1・2・4章については2012年11月3日〜2016年10月30日、3章は2012年1月5日〜2016年10月30日、良馬場限定です。また、3章は該当数5レース以上のみ、4章開催別データ内「連対脚質」「枠番別連対率」は古馬500万・1000万を合算して掲載しています。

第1章 なぜ、ダートなのか

ダート戦が儲かる5つの理由

　日本の競馬が行われるコースには、ご存知の通り芝とダート（砂）が存在します（障害レースを除く）。唐突ですが、あなたはどちらのレースの予想の方が得意ですか？

　ダービーも天皇賞も有馬記念も、「競馬」を象徴するような大レースは全て芝で行われます。ディープインパクトもオルフェーヴルも芝しか走っていませんし、競馬の"華"はやはり芝のレースでしょうが…ハッキリ言います。馬券をコンスタントに当てて儲けたいならば、ダート戦に限ります。

　その理由は、以下の通り。
❶イメージや情報量の割に、実はレース数が多い
❷レースの流れがある程度決まっていて、展開がシンプル
❸馬場によるバイアスが、芝に比べて単純
❹騎手の腕によって結果が左右されづらい
❺馬の資質がそのまま結果に反映される割に、配当もそれなりに高い

　この5項目について、これから順に説明していきます。

❶ イメージや情報量の割に、実はレース数が多い

　JRAのGⅠは年間に、芝で22レース（2017年度よりGⅠとして施行の大阪杯、ホープフルSも含む）に対してダートが2レース。芝コースで、実にダートコースの10倍以上の数が行われています。

　冒頭でも触れたように「競馬の"華"」とでも言うべき代表的レースは芝ばかりで、特に馬券はGⅠだけ買うようなライトファンにとっては、「競馬のレース＝芝」と言ってもいいでしょう。これがGⅡ・GⅢを含む全重賞に関してでも、別表の通り芝が施行数のうち9割近くを占めているので、競馬メディアが大きく取り扱うレースの大半はやはり芝レース。そのぶん予想文化の成熟も、芝が中心となっているのは否めません。

10　　砂にまみれて飯を食う

しかし重賞「以外」のレースに目を転じてみると、なんとダートの方が数が多いのです。これを含めてJRAの全レーストータルだと、ほぼ同数となります。

■レース施行数

	芝	ダート
GI	100 (90.9%)	10 (9.1%)
重賞 (GI含む)	546 (87.9%)	75 (12.1%)
重賞以外	7,787 (48.6%)	8,239 (51.4%)
全レース	8,333 (50.1%)	8,314 (49.9%)

※( )内は当該カテゴリー計に対する芝／ダート比率

つまり大まかに言うと、実際の競馬のレースは「芝／ダートが半々」なのに、競馬メディアに掲載されたり語られたりする予想や情報は「9割が芝のレースに関するもの」…というのが今の競馬を取り巻く環境なのです。このため、半分を占めるダート戦の予想を疎かにせずに臨むだけで、他の競馬ファンに対して少し有利になるのではないでしょうか。

> ダートは注目度が低く、情報量が芝に劣るのに、
> 行われるレース数は芝とほぼ同じ。
> ⇒**予想する費用対効果が高い**

❷ レースの流れがある程度決まっていて、展開がシンプル

芝に比べてダートのレースは、総じて先行有利となります。その理由としては、他馬の後ろに付けた場合に、道中前の馬が蹴り上げる砂を被る不利がダート戦の方が大きいということが当然挙げられますが…実はそれよりも重要なことがあります。競馬のレースでは「道中控えて脚を溜めるほど、ラストで速い上がりが使える」のが道理ですが、芝のレースはその上がりの"振れ幅"がダ

第1章 なぜ、ダートなのか　11

ートより大きいので、展開が多彩になるという性質があるのです。

　例えば、阪神ダート1800mで行われていたGI・ジャパンカップダート（現在は同時期に同距離のGIが中京でチャンピオンズCとして行われています）で、3年連続で2着したワンダーアキュートは3回の上がりが全て「35.9～36.8」の0.9秒の範囲内に収まっています。つまりダートでは、同じコースで同じレベルのレースが行われれば似たような流れになりやすく、同じ馬が自分のペースで走れば同じような上がりが使える、と言っていいでしょう。

　これに対して、東京古馬芝GI完全制覇を成し遂げたウオッカは、生涯で東京の芝GIに10回参戦して全て0.3秒差以内かつ4着以内に好走していますが、自身の上がりは「32.9～35.7」と実に2.8秒もの幅があります。このなかには3種類の距離が混在しているので幅があるのは当然に思えますが、距離別にみても1600mで「33.2～35.7」、2000mで「32.9～34.4」、2400mで「33.0～34.8」と、全ての距離で1.5秒以上の幅がありました。しかもこれは成長して上がりが伸びて行った訳ではなく、例えばJCでは07年4着・08年3着・09年1着と着順は上がって行ったのに、上がりは07年「33.6」→08年「34.3」→09年「34.8」とどんどん遅くなっているのです。つまり芝コースのレースでは、同じコースでも同じような流れになるとは限らず道中のラップに差があるので、同じ馬でも使える上がりに大きな幅がある、ということになります。

ワンダーアキュート

レース	着順	レース上がり	自身の上がり	走破タイム
11年JCダート（GI・阪神ダ1800）	2着	37.4	36.8	1'50"9
12年JCダート（GI・阪神ダ1800）	2着	36.4	36.4	1'49"4
13年JCダート（GI・阪神ダ1800）	2着	36.6	35.9	1'50"4

■3レースとも、レース上がりは1.0秒の範囲内・ワンダーアキュートの上がりは0.9秒の範囲内に収まっている。

CHAPTER 1

ウオッカ				
レース	着順	レース上がり	自身の上がり	走破タイム
07年ダービー (3歳GI・東京芝2400)	1着	34.4	33.0	2'24"5
07年ジャパンC (GI・東京芝2400)	4着	34.3	33.6	2'24"9
08年ヴィクトリアM (GI牝・東京芝1600)	2着	33.7	33.2	1'33"8
08年安田記念 (GI・東京芝1600)	1着	34.8	34.0	1'32"7
08年天皇賞秋 (GI・東京芝2000)	1着	35.2	34.4	1'57"2
08年ジャパンC (GI・東京芝2400)	3着	34.4	34.3	2'25"7
09年ヴィクトリアM (GI牝・東京芝1600)	1着	33.8	33.4	1'32"4
09年安田記念 (GI・東京芝1600)	1着	36.1	35.7	1'33"5
09年天皇賞秋 (GI・東京芝2000)	3着	33.7	32.9	1'57"5
09年ジャパンC (GI・東京芝2400)	1着	35.1	34.8	2'22"4

■ウオッカは全ての距離で上がりに1.5秒以上の幅がある。

■レース別に見比べると、ウオッカには「JCは上がり掛かる順に1・3・4着」「天皇賞秋は上がり掛かる順に1・3着」「ヴィクトリアMは上がり掛かる順に1・2着」という、明確に「上がりが掛かる(遅い)方が好走する」傾向がある。

　このように、ダートでは同じコースだと同じような流れになり、総じて先行有利な場合が多いのに対して、芝コースは流れも多彩で、ペースによって決着もバラエティに富んだものになります。
　また前述のウオッカは「上がりが掛かる(遅い)方が好走する」傾向、即ち「道中で脚を使って上がりが掛かる展開にした方が明らかに強い」底力があるにも関わらず、道中はとにかく溜めて瞬発力を引き出すことにこだわるようなレースぶりが目立ちました。このレースぶりが、陣営の指示なのか鞍上の判断なのか或いは馬の気性に起因するものなのかは不明なので、負けたレースの敗因を安直に「溜め過ぎ」と断ずることはできませんが、いずれにしても芝のレース

第1章　なぜ、ダートなのか　13

ではシンプルに最大の武器を発揮するレースにする（ウオッカであれば上がりが掛かる流れに持ち込んで底力を活かす）のが難しいと言えそうです。

ダートはレース展開のパターンが決まっていて、決着が多彩な
芝のレースに比べて、強い馬が単純に武器を発揮しやすい。

▶結果を決め打ちやすい

---

❸ 馬場によるバイアスが、芝に比べて単純

　芝コースのコンディションは、開催進行と天候変化に従って刻々と、そして劇的に変わり続けます。開催前半は「前残り馬場」、逆に後半は「外差し馬場」などと言われるのが一般的ですが、しかし開催途中にもコース替わり（Aコース→Bコースなど）があり、これによる傾向の変化は一義的にはまとめられません。

　また開催中の芝のコンディション管理も複雑で、古くは散水や緑色の砂を撒くことに始まって、転圧・ローラー掛け、エアレーション、シャタリングと、実に数多くのワードを聞くようになりました。それぞれ硬くなるのか柔らかくなるのか、時計が速くなるのか遅くなるのかも明確に分からない（例えば芝の根を切って馬場を柔らかくするシャタリングも、一旦施された後で踏み固められることによって、開催が進むと事前より硬くなるとする指摘もある）ので、馬券への取り入れ方も極めて難解になっています。しかもローラー掛けや散水は、予告なく土曜の開催後に行われることもあるので、土曜のレースをいくら細かく分析しても日曜に傾向が変化することすらあるようです。

　これに対して、ダートコースのコンディションは、季節と天候（降水）による変化がメインで、これに乾燥時の散水と冬場の凍結防止剤の影響が加わるぐらいです。また直線で差し馬が内に潜り込むメリットが多い芝に対して、ダートでは砂を被るリスクが大きいので、各馬のコース取りも比較的枠順なりで、

14　砂にまみれて飯を食う

かつ直線では「先行は内・差しは外」というシンプルな進路が基本となります。

　つまり芝よりダートの方が結果が馬場コンディションに左右されづらいので、実力馬が条件（競馬場・距離・枠順などの既に決まっていること）に従って能力を発揮しやすいことになります。これは即ち、予想の要素がよりシンプルで、「狭く深い」分析ができることに繋がります。

ダートは馬場コンディションによる傾向の変化が緩やかで、
芝ほど急激で大幅な変化がない。
▶ 馬場より馬本位でシンプルに予想できる

---

❹ 騎手の腕によって結果が左右されづらい

　芝は展開が多彩で決着に影響を与える要素が多岐にわたることは説明しましたが、そのため騎乗機会が多く経験値の蓄積が大きい一流ジョッキーの優位がとても大きくなります。これに対して、ダートはシンプルで"馬本位"のレースが芝より多くなるので、騎手の腕が介在する余地が小さくなります。

　馬券購入の際に「騎手買い」の要素を取り入れる人が多いでしょうが、リーディング上位騎手が馬券圏内を占める率が、芝に比べてダートの方が低いことはお気付きでしょうか。

　過去5年間でJRAの約16000レースに関して、リーディング上位10人の騎手が馬券圏内（1 ～ 3着）の約26％を占めていますが、これを芝・ダート別でみると「芝26.5％、ダート24.8％」とその比率にはかなりの差があります。これは真のトップジョッキー＝上位5人に絞っても、期間の途中でJRA所属になったためにまだ10位以内に入っていないルメール・M.デムーロらを含む上位20人まで拡げても、同様の傾向があります。つまり、明らかにダートの方が「リーディング下位の騎手にも好走の機会が多い」と言っていいでしょう。

　これは❷❸で述べたようにダートはシンプルな馬の資質の勝負になりやすい

第1章　なぜ、ダートなのか　　15

ので、リーディング上位騎手の老獪な駆け引きや戦略によって「馬の力が劣っても騎手の力で何とかする」ことが難しいことを示しています。言い換えると、必要以上に騎手の巧拙や調子の良し悪しについて、考え過ぎる必要がない、ということになります。

リーディング上位20人の馬券圏内シェア

順位	トータル			芝			ダート		
1	福永祐一	3.1%		福永祐一	3.4%		岩田康誠	3.2%	
2	戸崎圭太	2.8%		川田将雅	3.0%		戸崎圭太	2.7%	
3	岩田康誠	3.2%	上位5人合計シェア 14.5%	戸崎圭太	2.9%	上位5人合計シェア 15.5%	福永祐一	2.8%	上位5人合計シェア 13.8%
4	浜中俊	2.7%		浜中俊	2.9%		浜中俊	2.5%	
5	川田将雅	2.7%		岩田康誠	3.3%		内田博幸	2.6%	
6	蛯名正義	2.5%		蛯名正義	2.7%		蛯名正義	2.3%	
7	内田博幸	2.4%		武豊	2.4%		川田将雅	2.3%	
8	武豊	2.2%	上位10人合計シェア 26.0%	内田博幸	2.2%	上位10人合計シェア 26.5%	北村宏司	2.2%	上位10人合計シェア 24.8%
9	北村宏司	2.3%		M.デム	1.8%		横山典弘	1.9%	
10	横山典弘	2.1%		ルメール	1.9%		田辺裕信	2.3%	
11	田辺裕信	2.2%		北村宏司	2.4%		武豊	2.0%	
12	ルメール	1.6%		横山典弘	2.2%		幸英明	2.5%	
13	三浦皇成	2.0%		田辺裕信	2.2%		三浦皇成	1.9%	
14	和田竜二	2.2%		吉田隼人	1.9%		和田竜二	2.2%	
15	M.デム	1.5%	上位20人合計シェア 44.2%	松山弘平	1.9%	上位20人合計シェア 46.2%	松山弘平	1.8%	上位20人合計シェア 42.7%
16	幸英明	2.1%		和田竜二	2.1%		小牧太	1.5%	
17	松山弘平	1.9%		三浦皇成	2.0%		ルメール	1.3%	
18	吉田隼人	1.7%		池添謙一	1.5%		吉田隼人	1.5%	
19	小牧太	1.5%		柴田大知	1.9%		吉田豊	1.7%	
20	勝浦正樹	1.5%		藤岡康太	1.6%		北村友一	1.5%	

ダートはリーディング上位騎手の優位が、芝に比べて小さい。

▶騎手より馬本位でシンプルに予想できる

CHAPTER1

❺ 馬の資質がそのまま結果に反映される割に、配当もそれなりに高い

　ここまで見て来たことを総合すると、ダートは予想の要素が単純で結果が絞りやすいのだから、当たってもオッズ（配当）が安いものしか的中できないのではないか、という気がします。しかし、決してそんなことはありません。

　平均配当は特大万馬券が一つあると一気に上がってしまう指標なので、あくまでも参考程度ではありますが、しかしこれだけのサンプル数がありながら芝とダートの配当の平均値はほぼ同程度になっています。コース幅の関係で芝の方がフルゲートが多いので、3連単の配当だけは数％ほど芝の方が高くなる傾向はありますが、単勝や馬連ではむしろダートの方が高くなっており、「要素はシンプルなのに、配当は芝と比べても遜色ない」のがよく分かります。特にダート戦が多く配当が堅く収まる印象がある平場のレースに限っても、単勝・馬連の平均配当はダートの方が高いのですから、朝一から最終まで安心して勝負できるというものでしょう。

馬券別平均配当

		レース数	単勝平均配当	馬連平均配当	3連単平均配当
特別	芝	3331	1,030.1円	5,959.9円	154,767.0円
	ダート	1221	1,129.3円	6,219.5円	153,694.7円
	計	4552	1,056.7円	6,029.5円	154,479.2円
平場	芝	5002	1,057.4円	5,930.3円	159,031.0円
	ダート	7093	1,069.5円	6,094.2円	153,152.4円
	計	12095	1,064.5円	6,026.4円	155,584.3円
全部	芝	8333	1,046.5円	5,942.1円	157,326.3円
	ダート	8314	1,078.3円	6,112.6円	153,232.1円
	計	16647	1,062.4円	6,027.2円	155,281.9円

第1章　なぜ、ダートなのか　17

このように、ダートのレースは「レース数が多いうえに、展開は絞りやすく馬券は当てやすく、しかも配当も低すぎない」という、実に「勝ちやすい」条件なのです。まるで「食べても痩せられるダイエット」のようないいことばかりなので、なんだか騙されている気がするかもしれませんが…やはり最初に書いた「注目度が低い」点が効いているのでしょう。世はSNS全盛期、人に自慢する為にも共感される為にも、華やかな芝の重賞の予想を披露し的中することこそが、プロの予想家にとっても一般のファンにとっても第一義になっているので、ダートの予想は疎かにされがちです。

　そして❹で説明したように、ダートでは騎手の影響が芝に比べてかなり小さいのに、馬券購入時には芝と同様に勘案してしまいがちです。むしろ印象に残りやすい芝のレースで目立ったプレイをした騎手が乗る馬を、ダートでも無条件に買ってしまうことはよくありそうです。

　しかし繰り返しますが、馬券をコンスタントに当てて儲けるならば、断然ダートです。表の「名」は人にあげて、裏の「実」をしっかり手に入れましょう。華やかさはなくても、砂にまみれて飯を食う。本書がそんな馬券ライフの助けになれれば、著者としては最上の喜びです。

第2章

ダートで飯を食うには

❶ 基本的な考え方～ダートコースを分類する

　本書の考え方は、基本的には極めてシンプルです。

　JRAのダートコースを、その性質から大きく7つにカテゴライズして、「同じカテゴリーの実績を重視する」「違うカテゴリーの実績は軽視する」というもの。まずこれだけで、新聞の馬柱が劇的に違って見えるはずです。

　例えば、同じクラスで夏の休養明けから冬にかけて、全て右回りの1700m～2000mで5走して「5・8・2・9・7着」という成績の馬がいた場合、どういう印象を受けるでしょうか。

　◆たまに走るムラ馬だが、このクラスでは基本的に力が足りない。
　◆暑い時期はそこそこ走るが、寒くなると成績が落ちる。
　◆休養明けのフレッシュな状態の方が走るが、使い込むとあまり良くない。

　全て右回りで距離もほぼ同じなので、適性面よりも、上記のような状態や気性の面での解釈が一般的になりそうです。この解釈からは、叩き6戦目になる今回は、ちょっと買いづらいのが実情でしょう。

　しかし本書の分類では、似たような距離でも違うカテゴリーのコースが存在します。仮に、過去5走のコースが、「今回と同カテゴリー・別カテゴリー・同カテゴリー・別カテゴリー・別カテゴリー」だったとすれば、どうでしょうか。

　◆同カテゴリーでは休養明けで5着、叩き3戦目では2着、それ以来のレースなので更に良化して勝ち負けできる可能性はある。
　◆別カテゴリーでは8・9・7着と負けているが二桁着順まではなく、僅かに上向いていると考えれば、得意なカテゴリーに戻っての激走は十分。

　こうなると、一気に買い目に浮上しますよね。もし他に強調できる馬が少なければ、かなり上位の印が打てるレベルに見えませんか？「飯を食う」ための基本は、ここです。前述のように、着順の羅列を眺めただけでは人気になりづらい馬の中から、狙える馬を拾い上げていくのが最大のミッションになります。

CHAPTER 2

　第1章で説明した通り、芝の場合は性質が似たコースをカテゴライズしても、展開や馬場バイアスによって着順は大きく変わるので、単純に「同カテゴリーでの実績」が再現されづらい面があります。対してダートでは比較的似たレースになり、メンバーによって展開こそ多少はバラつきがありますが、本質的に問われる"適性"は同じようなものになるので、このようなざっくりしたカテゴライズによる把握が容易になるのです。

　そして本書では、単に「同カテゴリー」の実績を重視するだけではなく、「別カテゴリー」でも注視すべき面を説明していきます。具体的には、「全く性質が共通しないので基本的に無視する」というものから、「一部のラップ（上がり3Fなど）だけを評価する」もの・「脚質と着順を評価する」ものなど、条件付きで考えるものなど、コースごとにそれぞれの相関関係を示しています。

　前述の馬の例で言えば、別カテゴリーでの負け方（8・9・7着）が、この条件に当てはまっていれば、実は思い切って本命視まで可能になるかもしれません。

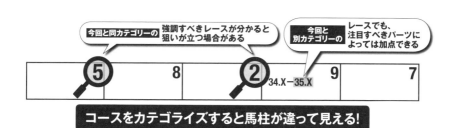

第2章　ダートで飯を食うには　21

❷ ダートコースの7カテゴリー

　早速、JRAのダートコースを7つに分類したものを示します。
　分類の根拠は、そのコースでどのような性質のレースが行われやすいか、つまりそのコースで好走するためにはどのような資質（適性）が必要か、ということ。前置きはさておき、まずはご覧頂きましょう。
　これが、各ダートコースの適性を目に見える形で示した地図、その名も『ダ界地図』です！

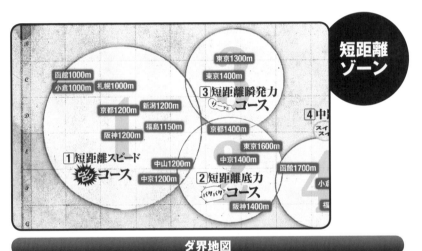

ダ界地図

※スペースの都合で短距離ゾーンと中距離ゾーンを分けていますが、『ダ界地図』の全体像は、p4をご覧ください。

22　砂にまみれて飯を食う

CHAPTER 2

1 短距離スピード ビュンビュン コース

スピードが最も重要、絶対的に先行有利。「ビュンビュン」飛ばせる馬が圧倒。

該当コース	札幌1000m・函館1000m・小倉1000m・福島1150m・中山1200m・京都1200m 阪神1200m・新潟1200m・中京1200m

2 短距離底力 バタバタ コース

芝スタートでハイペース、内先行馬が潰れることも多く、芝部分を長く走れてゴチャつかない外差し有利。「バタバタ」の消耗戦で底力勝負。

該当コース	京都1400m・阪神1400m・中京1400m・東京1600m

3 短距離瞬発力 サーッと コース

砂スタートでテンは比較的すんなり、仕掛けは遅れるので瞬発力勝負。長い直線でキレを活かせるタイプが「サーッと」伸びる。

該当コース	東京1300・東京1400m

4 中距離スピード スイスイ コース

平坦小回りでスピード勝負、基本は先行有利。機動力がある馬が「スイスイ」と押し切る・捲り切る。

該当コース	函館1700m・福島1700m・小倉1700m

5 中距離総合力 じわじわ コース

平均ペースで淡々と流れる総合力勝負。基本は先行有利で、最後まで平均的に脚を使える馬が「じわじわ」伸びる。

該当コース	札幌1700m・京都1800m・新潟1800m

6 中距離底力 グダグダ コース

テンが上り坂なので、額面より更に負荷が大きい消耗戦。最も底力を要する「グダグダ」決着。

該当コース	中山1800m・阪神1800m・中京1800m・中京1900m

7 中距離瞬発力 ぐいぐい コース

テンの直線が長く、先手争いが落ち着いて1コーナーに入るところでガクッとペースが落ちる特殊な中弛みラップ。一旦溜めてラストのギアチェンジができる瞬発力タイプが「ぐいぐい」伸びる。

該当コース	京都1900m・阪神2000m・東京2100m

第2章　ダートで飯を食うには　　23

カテゴリー内でも、どの別カテゴリー「寄り」かというのをコース名の位置で示しています。

> **例** ②短距離底力「バタバタ」コースのなかでも、京都1400は③短距離瞬発力「サーッと」コース寄り、阪神1400は④中距離「スイスイ」コース寄り、そして東京1600は両者の中間あたり…といった具合になります。

　具体的には各コースの解説ページで説明しますが、この『ダ界地図』はそれぞれどのような資質が問われるコースなのかを大まかにイメージする助けとしてください。また、個別の競走馬に関してどのエリアのコースが得意なのかが分かれば、得意エリアからの"距離"（レースの距離ではなく、この『ダ界地図』のなかで近いか遠いか）によって苦手なコースも想像しやすくなります。

　例えば、グランドシチーという馬は、OPでの3勝（重賞1勝含む）は全て中山1800、中央での重賞2着2回は共に中京1800という分かりやすいタイプです。これを『ダ界地図』に当てはめると、明らかに⑥**中距離底力「グダグダ」コース**に偏った適性を示しており、これに隣接する⑦**中距離瞬発力「ぐいぐい」コース**のなかでは、『ダ界地図』上で距離が近い阪神2000の方が京都1900より得意であることが想像できます。また札幌1700（⑤**中距離総合力「じわじわ」コース**）と函館1700（④**中距離スピード「スイスイ」コース**）では、当然⑥から距離が近い札幌の方が得意であることも想像できます。

　実際OP入りした2012年1月から、最後に馬券に絡む2015年1月までの約3年間で、阪神2000では5・3・3着だったのに対して、京都1900では14着のみ。そして札幌1700のエルムSで3着したこともあって人気を集めた、翌年の函館1700のエルムSでは5着と後退しています。一般的には「1800得意ならば2000よりも1900の方が適性は近い」と思われがちですし「札幌1700で走れば函館1700でも走れる」と判断されがちですが、このカテゴライズと『ダ界地図』を知っていれば、単純な"距離適性"を超えて真の"資質"を把握することが可能となるのです。

グランドシチー

日付	レース名	コース	カテゴリー	着順
15.01.25	東海S（GⅡ）	中京1800	6	2着
14.12.27	師走S（OP）	中山1800	6	4着
14.11.19	浦和記念（GⅡ）	浦和2000	地方	5着
14.10.04	シリウスS（GⅢ）	阪神2000	7	6着
14.05.24	平安S（GⅢ）	京都1900	7	14着
14.04.19	アンタレスS（GⅢ）	阪神1800	6	5着
14.03.30	マーチS（GⅢ）	中山1800	6	9着
14.02.23	フェブラリーS（GI）	東京1600	2	11着
14.01.26	東海S（GⅡ）	中京1800	6	2着
13.12.01	JCダート（GI）	阪神1800	6	6着
13.11.03	みやこS（GⅢ）	京都1800	5	5着
13.09.28	シリウスS（GⅢ）	阪神2000	7	3着
13.08.24	エルムS（GⅢ）	函館1700	4	5着
13.08.15	ブリーダーズGC（GⅡ）	門別2000	地方	4着
13.07.15	マーキュリーC（GⅢ）	盛岡2000	地方	3着
13.03.24	マーチS（GⅢ）	中山1800	6	1着
13.03.03	仁川IS（OP）	阪神2000	7	3着
13.01.20	東海S（GⅡ）	中京1800	6	5着
12.12.24	フェアウェルS（OP）	中山1800	6	1着
12.09.16	ラジオ日本賞（OP）	中山1800	6	1着
12.08.25	エルムS（GⅢ）	札幌1700	5	3着
12.07.16	マーキュリーC（GⅢ）	盛岡2000	地方	2着
12.06.24	大沼S（OP）	函館1700	4	2着
12.05.06	ブリリアントS（OP）	東京2100	7	2着
12.03.04	仁川IS（OP）	阪神2000	7	5着
12.01.22	平安S（GⅢ）	京都1800	5	14着

なお、通常は得意なエリアから離れるほど信頼度が下がるはずなのですが、過去の好走コースからかけ離れたコースでも好走してしまう馬が時折現れます。こういう馬は苦手なエリアが狭い＝信頼できる実力馬ということになりますので、単純にレースの「格」だけでなく、資質の「幅」という意味で競走馬の本格化を知ることができるのも、この図の活用法となります。

　例えばアウォーディーという馬は、芝で準OPまで勝ち上がり、初のダート戦が阪神1800での準OP勝ちでした。そして初の重賞挑戦となったのが阪神2000のシリウスSで、ここを圧勝します。こうなると準OPを0.1秒差で勝った**6中距離底力「グダグダ」コース**よりも、重賞を0.5秒差で圧勝した**7中距離瞬発力「ぐいぐい」コース**の方が適性がずっと高いと判断するのが道理ですが、しかしその後、**6中距離底力「グダグダ」コース**のアンタレスSも勝ち切ってしまいます。正直アンタレスSを予想する時点では単勝1.8倍ほどの信頼度はないと判断していたのですが、ここも勝ったことにより資質の「幅」が保証されて、これ以降はよほど適性が離れたコースにならなければ、能力の高さでカバーできることが予見できました。

　GⅢの予想時点で「さほど信頼度はない」としていた馬ですが、この『ダ界地図』で死角がないと判断できたので、その後の格が高いレース＝日本テレビ盃（GⅡ）・JBCクラシック（GⅠ）・チャンピオンズC（GⅠ）・東京大賞典（GⅠ）でもしっかり主力視することが可能となったのです。このように一度は能力を見誤った馬でも、その後根拠を持って評価を修正して、取り返すことができるのも重要な点だと思います。

　この馬の場合は芝で出世したので真の資質が徐々に明らかになって行ったパターンですが、例えば成長と共に資質の幅が広がる馬の本格化や、逆に加齢と共に衰えたり得意エリアが変わっていく馬の推移についても視覚的に捉えることができますので、いろいろ当てはめて試してみてください。

アウォーディー

日付	レース名	コース	カテゴリー	着順
16.12.29	東京大賞典(GI)	大井2000	地方	2着
16.12.04	チャンピオンズC(GI)	中京1800	6	2着
16.11.03	JBCクラシック(GI)	川崎2100	地方	1着
16.09.28	日本TV盃(GII)	船橋1800	地方	1着
16.04.16	アンタレスS(GIII)	阪神1800	6	1着
16.03.17	名古屋大賞典(GIII)	名古屋1900	地方	1着
15.10.03	シリウスS(GIII)	阪神2000	7	1着
15.09.19	オークランドRCT(1600)	阪神1800	6	1着

ダ界地図・中距離ゾーン

第2章　ダートで飯を食うには　27

❸ 競走馬の資質について〜ラップタイム分析の基本

　前項で、各カテゴリーで必要な資質を示すものとして「スピード」「底力」などのワードが使われていますが、これについて説明しておきます。競走馬の資質を見抜くにはレースのラップタイムを見るのが有効なので、この分析をベースにした表現になっています。

　前述の通り、本書では予想に際してラップタイムについての細かい計算や分析をしなくてもいい手法を示していますが、その理論や表現のもとになるものとして、この考え方を知っておいて頂けると理解がスムーズになりますので、今しばらくお付き合いください。

　そもそもラップタイムとは、レース全体を一定の距離ごとに区切って通過タイムを示したものを指します。競馬では一般的に1ハロン（Furlong・以下「F」と表記、200mのこと）ごとのレースの先頭の馬のラップタイムが表示されるのが一般的で、"半笑い"式の分析ではそれをさらに3F（600m）程度ごとにまとめたものを用いて大まかなレースの性質を判断します。その結果、1200m以下のレースは「前半（テン）−後半（上がり）」の2つのブロックに、1300m以上レースは「序盤（テン）−中盤−終盤（上がり）」の3つのブロックに分けて、レースの性質を把握することになります。
※2100m以上のレースでは4つのブロックに分けることもあります。

レースのラップタイム

1200m以下の場合

2016年カペラS（中山6F=1200m）：

11.8-10.4-11.1	11.9-12.0-13.0
33.3	**36.9**
前半（テン）	後半（上がり）

1300m以上の場合

2016年チャンピオンズC（中京9F=1800m）：

12.7-10.7-12.9	12.5-11.8-11.8	12.4-12.3-13.0
36.3	**36.1**	**37.7**
序盤（テン）	中盤	終盤（上がり）

CHAPTER 2

　なお、コースの形態や起伏によって単純な数値以上の負荷が掛かることもありますので、単純に「何秒だと速い／遅い」という一律の基準は存在しません。そもそも個別のレースラップを見なくても予想できる手法を示すので気にしなくてもいいですが、第3章で各コースごとにクラス別の平均ラップを示していますので、各レースについて詳しくラップの性質を分析したければ、それを参照してください。

　このブロック分けを踏まえて、どのような脚を使っているかが「資質」の表現となります。

資質の表現

スピード	テンで速い脚を使う能力。特にテン速いレースで逃げ・先行などの戦法が取れる能力。
瞬発力	上がりで速い脚を使う能力。特にテンか中盤、或いはその両方が遅く、上がりが速いレースで好走する能力。 主に差し・追い込み馬に使う表現と思われがちだが、スローであれば逃げ・先行でも速い上がりを使える「瞬発力」は重要な能力となる。
底力	テンか中盤、或いはその両方が速く、上がりが掛かるレースで好走する能力。 上がりが掛かるうえにラスト急坂があるなど、特に逃げ・先行馬にとって厳しい条件が揃っていれば、着順は悪くても「負けて強し」と底力を評価する場合もある。
持続力	「中盤〜上がり」で平均的に速い脚を使う能力。 特に中盤速いレースで、相対的に他馬よりも速い上がりが使える（差し・追い込みで好走できる）能力。
機動力	テンや中盤で、自らレース展開を「作る」ことができる能力。テン速いレースで先行したり、中盤速いレースでもポジションを下げずに追走したり、或いはテンか中盤が緩いレースで捲って行ったり、自ら上がりが掛かる流れに持ち込むことができる能力。

第2章　ダートで飯を食うには　　29

表の中で特に上の3つ（「スピード」「瞬発力」「底力」）が重要となりますので、把握しておいてください。全ての競走馬は、それぞれの資質に関して発揮できる幅がある程度決まっている（成長や調子によって変化することはある）、というイメージになります。

　レース内容によって発揮する資質、或いは好走のために要求される資質を、大まかに図示すると右ページのようになります。これを見れば分かるように、「上がりが掛かるレース（ハイペース）で強い＝底力」「上がりが速いレース（スローペース）で強い＝瞬発力」という2つの資質が最大の軸となっています。

　この2つの資質が両方高い馬が、格上で死角がない「最強馬」ということになりますが、もちろんそんな馬は稀です。それぞれの資質に偏りがあり、しかも発揮する条件が限られているのが普通なので、前項で示したカテゴライズに大きな意味があるのです。

　この概念は芝・ダート共通のものですが、第1章で説明した「芝では決着が多彩で馬場のバイアスが変化するので、レースを決め打ちづらい・再現性が低い」というのは、この図で言えば「芝では同じコースでも日ごと・レースごと要求される資質が変化してしまう」ということになります。

　また、芝・ダートを問わず「瞬発力だけで人気した馬を、底力が重要な舞台で軽視してオッズ的な妙味を追う」というのはラップ予想の大きな武器ですが、ダートでは特に瞬発力で活躍できる舞台が少なく、この点をより決め打ちやすいという利点もあります。

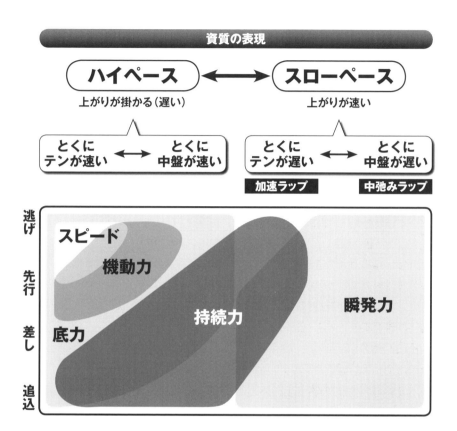

❹ 具体的な競馬予想の手順

　次章で各コースごとに詳細な特徴とレース傾向、そして実際に買うべき馬の選び方について説明していきますが、その根幹となる考え方と実際の予想の方法を、先に解説しておきます。

① 馬柱を用意して、全馬の過去成績が分かる状況にする

　競馬新聞や、データベース（無料ならば「netkeiba.com」、有料ならば「JRA-VAN」など）を用意するのが必須です。

② **馬柱を見て、各馬が『ダ界地図』のどのあたりのコースが得意かをイメージする**

地図のなかで近い位置に書いてあるコースの適性は近いので、基本的には同じカテゴリーの実績を評価、なかでも特に近い位置のコース実績を信用します。

③ **『ダ界地図』のイメージを使い、今回のコースが得意かどうかを判断する**

近い位置に書いてある複数のコースでの好走があれば、より信頼度が上がります。さらに別カテゴリーまで含めて『ダ界地図』全体を視覚的にとらえて、馬の適性を考えていきましょう。例えば、当該コースから遠いコースより近いコースで着順が上がっていれば、当該コースも得意な可能性が高いと考えます。

ここで『ダ界地図』をもう一度見直すと、大まかに「左：スピード」「右上：瞬発力」「下：底力」という資質と関連が深い位置付けになっているのが分かると思います。これを踏まえると、地図の中で「遠くより近くが着順がいい」という類推の方向が複数あれば、その馬の信頼度がより高まる、ということになります。

各馬の実績（適性）を、『ダ界地図』上にある"山"のようなものだとイメージしてもらえれば、今回のコースから遠い所が低くて、近いところが高い"稜線"が見えていれば、恐らく今回のコースの上に山の"頂点"があることが想像できます。各馬の"山"全体の高さを想像して、その力関係を比べるのが、今回のレースでのパフォーマンス（着順）の予想ということになります。

④ **『ダ界地図』の中で遠いコースでのレースぶりも細かく見て、今回のパフォーマンスを類推する**

地図の中で近いコースでの実績を信頼する、というと「Ⓐ同カテゴリーで成績が良い馬」＞「Ⓑ同カテゴリーで成績が悪い馬」＞「Ⓒ同カテゴリーを走ったことがない馬」という序列にしてしまいがちですが、実はそれは間違いです。Ⓑは適性的に今回負ける根拠がありますが、Ⓒにはその根拠がなく、ひょっとすると今回の条件がベストである可能性もあるのです。

同カテゴリーを走ったことがない馬（最近走っていない馬も含む）の現在のパフォーマンスを予想するには、レースのなかでの「テンだけ」「上がりだけ」

32　　砂にまみれて飯を食う

などのパーツ＝“見どころ”をチェックすることで、簡単に傾向を探ることができます。最もシンプルな定石は、今回のコースより底力を要する・差しが決まるコースで先行して健闘した馬が、今回は更に前進して馬券に絡むというパターンです。第3章では「このコースのココを見よう！」という項目として、コースごとにこのようなパターンを列記しています。そのなかに、前述の「ひょっとすると今回の条件がベストである可能性」も含まれているはずなので、人気薄の激走を見付けるには、この作業がとても重要になります。

　前項で用いた“山”の例えで考えると、濃い霧が掛かっていて、山の頂点がどれほど高いのか、そもそもその頂点がどこにあるのかが分からない状況を想像してください。それでも、今回のコースの左右にうっすらと山の“裾野”が見えていれば、その形から、ある程度は山の高さや頂点の位置を類推することができるのではないでしょうか。この“裾野”にあたる部分が、別カテゴリーの注目すべきパーツで、それを次章の「このコースのココを見よう！」という項目で紹介しています。

⑤ 馬券に落とし込む際には、買い目を増やすより減らすのが重要、オッズを考えて都合よく決め打つ

　馬券に関してテレビや新聞で予想を披露する専門家は、「20点で100倍の馬券を取る」ことと「50点で100倍の馬券を取る」ことに、あまり評価の差はありません。どちらも同じ「万馬券的中！」で、称賛の対象です。しかし競馬ファンはお小遣いの範囲内で馬券を買う訳ですから、資金が5倍になるか2倍になるかは、相当な大問題でしょう。例えば3連単1着固定軸でヒモ4頭に流す場合は12通りですが5頭に流す場合は20通りと、ヒモの頭数が20％増えただけで買い目は67％増。3連単時代だからこそ、1頭消すことの意味は大きくなっています。レースのカテゴリーを意識することで、前項で示したように同カテゴリーで常に成績がいい馬を信頼するのと同時に、常に悪い馬を消すことの効果も大きくなります。

　また、同カテゴリーで常に成績がいい馬から流すのは常套手段ですが、このタイプは当然人気もするので、相手を厳しく絞る必要があります。ならば前項の「◎同カテゴリーを走ったことがない馬（最近走っていない馬も含む）」の

タイプが、好走を類推する根拠があるのにあまり人気していなければ、敢えてここから入るのも戦略としては有効です。言い方は悪いですが、競馬は馬券を買う以上あくまでも"ギャンブル"なので、人気馬には厳しく、人気薄には甘く、根拠とオッズさえ見合えば都合よく激走するパターンを決め打つことは大事な戦略です。

第3章
JRA28コース完全攻略

❸ 短距離瞬発力コース
サーッと 東京ダ1300m

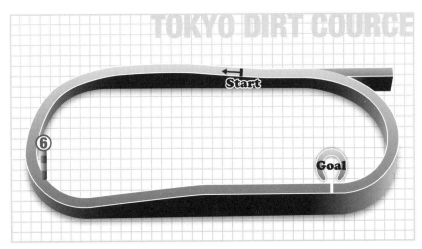

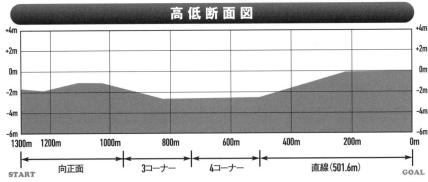

コースのポイント

- ✓ テンはあまり速くないが、全コースで最も差しが決まる
- ✓ 500万下でも逃げ馬がほぼ残れない！

クラス別平均分割ラップ

クラス	テン2.5F	中盤1F	上がり3F	勝ち馬平均
古馬1000万	29.8	12.1	36.4	1.18.2
古馬500万	29.8	12.3	36.7	1.18.8
3歳未勝利	30.1	12.5	37.4	1.20.1
2歳未勝利	30.2	12.7	37.4	1.20.3

枠番別連対率

枠	12頭以下	13頭以上
1 枠	0%	9.9%
2 枠	25.0%	15.8%
3 枠	25.0%	10.8%
4 枠	50.0%	16.1%
5 枠	16.7%	16.3%
6 枠	0%	12.3%
7 枠	37.5%	10.3%
8 枠	0%	10.3%

クラス別連対脚質

良 クラス	逃げ	先行	中団	後方	マクリ
古馬1000万	7.1%	25.0%	53.6%	14.3%	―
古馬500万	3.6%	37.5%	39.3%	19.6%	―
3歳未勝利	11.0%	51.2%	30.5%	7.3%	―
2歳未勝利	29.2%	45.8%	25.0%	―	―

重・不良 クラス	逃げ	先行	中団	後方	マクリ
古馬1000万	―	―	100%	―	―
古馬500万	―	50.0%	25.0%	25.0%	―
3歳未勝利	12.5%	37.5%	45.8%	4.2%	―
2歳未勝利	―	50.0%	50.0%	―	―

好走タイプがよくわかる
コース分析&攻略のコツ

　スタート後の直線は300m強と中央場所にしては短いので、短距離戦としてはテンが落ち着くコース。テンが緩ければ前が有利になりそうですが、そのぶん差し馬が十分に脚を余して直線に向くので、不思議なほどに差しが決まるコースです。「逃げ＋先行」を合わせた連対率が、古馬500万下で5割を切る唯一のコースなので、他のコースで差せない馬の差しが届いてしまうことも。但しレースのテンは緩く上がりが速いので、底力よりも瞬発力が問われることになります。

東京ダ1300m

このコースはそのまま信頼できる！

③短距離瞬発力 サーッと コース

東京1300m　東京1400m

基本的に信頼、特に速い上がりでの好走を評価、但し逃げ馬は狙い下げ。東京1400で逃げ・先行で好走していても、ここでは少し疑ってみる。

　1400で逃げて強い馬は距離短縮の1300では狙いたくなるものですが、1300では1200巧者の出走の度合いが上がって楽な単騎逃げになりづらいこともあり、全く残れません。逃げ馬の連対率は、京都1400の29％・阪神1400の19％に対して、東京1400の12％でもかなり低いのに、この東京1300ではなんと4％以下まで下がります。
　このように特殊なコースなので当然同舞台での実績が信頼できますが、同じ③短距離瞬発力「サーッと」コースの東京1400での実績も比較的そのまま信用できます。この際注意すべきは、逃げるのが好走条件になっているような馬は狙い下げて、差し馬の評価を上げることです。また①短距離スピード「ビュンビュン」コースで忙し過ぎて、速い上がりを使うも届かなかった馬が、最大の妙味の追いどころ。特に中山1200で後方から最速上がりで中位まで、という馬を狙うのが大穴パターンになります。

CHAPTER 3

このコースのココを見よう！

1 短距離スピード コースの上がり

速い上がりを評価、特に後方から届かずが妙味大。急流になりやすい中山1200で追走一杯で後方から届かなかった馬や、ラスト平坦な京都1200・新潟1200で前が止まらず流れ込んだ馬に妙味がある。

狙える馬・買えるパターンは？

Sample Race

2016/10/22　東京12R 3歳上1000万下

1着　⑩ヨシオ（4番人気）

前々走は中山1200で差してNo2上がりの3着、そして前走も中山1200のハイペース戦でNo2上がりの5着。典型的な狙えるタイプ。

2着　⑫ノーモアゲーム（6番人気）

前々走は中山1200で最速上がりで追い込んでの500万下勝ち上がり、そして前走はヨシオと同じ中山1200戦で休養明けながら最速上がり4着。叩いたここは当然の主力。

3着　①ブルミラコロ（1番人気）

OP2着降級で大人気も、その前走は別カテゴリー（2短距離底力「バタバタ」コース）だったし、今回長期休養明けでしかも不利な逃げ馬。

※馬名横の印は予想時の各馬に対する評価を「◎絶好の狙い目」「○狙い目」「△買える」「×狙い下げ」のイメージで付しています。

第3章　JRA28コース完全攻略　39

❸ 短距離瞬発力コース
サーッと 東京ダ1400m

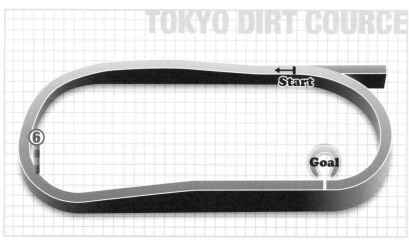

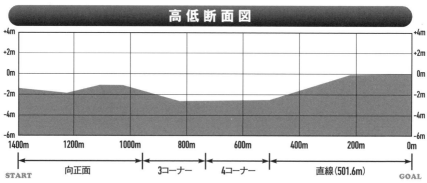

コースのポイント

- ✔ テンはあまり速くないが、かなり差しが決まる

- ✔ 単純に「1400実績」「東京実績」を信用してはいけない！

クラス別平均分割ラップ

クラス	テン3F	中盤1F	上がり3F	勝ち馬平均
古馬OPEN	35.0	12.1	36.2	1.23.3
古馬1600万	35.4	12.1	36.5	1.24.0
古馬1000万	35.6	12.3	36.6	1.24.5
古馬500万	36.0	12.4	37.0	1.25.4
3歳500万	35.6	12.5	37.3	1.25.4
3歳未勝利	36.3	12.8	37.7	1.26.7
2歳未勝利	36.3	12.9	37.9	1.27.1

枠番別連対率

枠	12頭以下	13頭以上
1 枠	33.3%	12.3%
2 枠	22.2%	13.2%
3 枠	11.1%	11.6%
4 枠	0.0%	12.9%
5 枠	26.7%	12.9%
6 枠	29.4%	14.0%
7 枠	5.6%	11.4%
8 枠	11.8%	13.8%

クラス別連対脚質

良 クラス	逃げ	先行	中団	後方	マクリ
古馬OPEN	8.3%	37.5%	29.2%	25.0%	—
古馬1600万	15.4%	41.0%	33.3%	10.3%	—
古馬1000万	14.6%	41.5%	34.1%	9.8%	—
古馬500万	10.4%	44.8%	31.3%	13.4%	—
3歳500万	12.0%	34.0%	38.0%	16.0%	—
3歳未勝利	20.0%	46.0%	25.3%	8.7%	—
2歳未勝利	19.7%	50.0%	22.7%	7.6%	—

重・不良 クラス	逃げ	先行	中団	後方	マクリ
古馬OPEN	16.7%	16.7%	50.0%	16.7%	—
古馬1600万	8.3%	41.7%	25.0%	25.0%	—
古馬1000万	12.5%	25.0%	43.8%	18.8%	—
古馬500万	10.0%	40.0%	26.7%	23.3%	—
3歳500万	—	40.0%	50.0%	—	10.0%
3歳未勝利	7.3%	53.7%	31.7%	7.3%	—
2歳未勝利	18.8%	56.3%	25.0%	—	—

好走タイプがよくわかる
コース分析&攻略のコツ

　スタート後に向こう正面の直線を400m以上走ってからコーナーに入るので、ともすればハイペースになりそうですが、この距離では唯一の砂スタートということもあり、またラストの直線の方が長い（500m超）ということもあり、上がりの瞬発力勝負になるコース。例えば阪神1400では古馬1000万下では「テンより上がりが2秒以上掛かる」のが平均ですが、この東京1400ではテンより上がりは1秒程度しか掛かりません。それなのに古馬1000万下以上では「逃げ+

東京

中山

京都

阪神

中京

札幌

函館

新潟

福島

小倉

東京ダ1400m

このコースはそのまま信頼できる！

③短距離瞬発力 サーッと コース

- 東京1300m
- 東京1400m

基本的に信頼するが、クラスの時計差が明確なので、昇級戦では時計を意識する。時計不足なのに人気していれば疑ってみる。

　「先行」馬の連対シェアが5割以下になる、差し優位のコースです。

　同じ差し優位でも他場の1400とは要求される資質が異なるので、競馬新聞の「距離実績」の欄を鵜呑みに"しない"のが最大の注意点となります。また距離延長に対応する体力は測られづらく東京1600ともあまり繋がらないので、競馬新聞の「東京実績」もそのまま信用すると危険な場合も。逆に言えば、普通の人が「騙されやすい」要素が満載のコースなので、「飯を食う」ためには大事なコースと言っていいでしょう。

　当然同じカテゴリーの実績が重要で、シンプルに「別カテゴリーで着順ほど負けていない馬」を見直すだけでも期待値は上がります。あらゆるコースでの上位の上がりは買い要素になりますが、似たような距離の②短距離底力「バタバタ」コースだけでなく、距離が異なる④中距離スピード「スイスイ」コースや⑤中距離総合力「じわじわ」コースでの速い上がりでの好走は、盲点になりやすい狙い目の根拠となります。

CHAPTER 3

このコースのココを見よう！

あらゆるコースの上がり

速い上がりを評価。③短距離瞬発力「サーッと」コース以外で、能力はあるがペースが合わずに不発だった馬が瞬発力を爆発させるパターンに妙味。特に④中距離スピード「スイスイ」コースで上位の上がりで好走した馬は、人気になりづらいので狙い目。

狙える馬・買えるパターンは？

Sample Race

2016/10/10 東京11R グリーンチャンネルC（OP）

1着 ③カフジテイク（6番人気）
直近10戦で8回の最速上がり。キングズガードにOPで0.8差・重賞で0.5差負けだが共に②短距離底力「バタバタ」コース。このカテゴリーでは好時計の準OPで1戦1勝。

2着 ⑦キングズガード（1番人気）
阪神1400で条件戦連勝から京都1400でOP勝ち・中京1400で重賞3着と圧倒的な実績で大人気だが、全て②短距離底力「バタバタ」コース。但し全て上位上がりなので一定の評価は必要。

3着 ④タールタン（3番人気）
8歳の高齢馬が半年以上の長期休養明けだが、このカテゴリーのOPで1・2・4・3・2着と安定。

※馬名横の印は予想時の各馬に対する評価を「◎絶好の狙い目」「○狙い目」「△買える」「×狙い下げ」のイメージで付しています。

第3章　JRA28コース完全攻略　43

バタバタ ❷短距離底力コース 東京ダ1600m

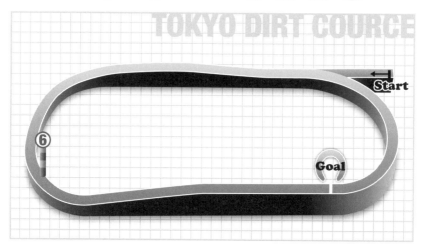

高低断面図

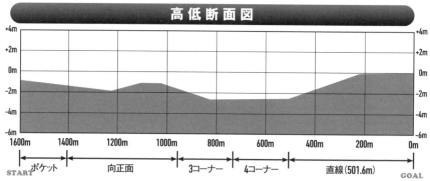

コースのポイント

- ✓ テンも上がりも程よく速く、総合的な底力勝負

- ✓ 芝スタートで、明確に外枠有利

CHAPTER 3

クラス別平均分割ラップ

クラス	テン3F	中盤2F	上がり3F	勝ち馬平均
古馬OPEN	34.8	24.5	36.4	1.35.8
古馬1600万	35.2	24.7	36.6	1.36.5
古馬1000万	35.7	24.8	36.8	1.37.3
古馬500万	35.9	25.2	37.1	1.38.1
3歳500万	35.5	25.4	37.1	1.38.0
3歳未勝利	35.8	25.6	38.1	1.39.5
2歳未勝利	35.7	25.8	38.2	1.39.8
2歳新馬	36.5	25.9	37.4	1.39.7

枠番別連対率

枠	12頭以下	13頭以上
1 枠	11.4%	8.9%
2 枠	17.1%	11.0%
3 枠	17.1%	10.4%
4 枠	28.6%	11.1%
5 枠	14.0%	15.0%
6 枠	14.8%	13.6%
7 枠	21.5%	15.4%
8 枠	20.3%	17.3%

クラス別連対脚質

良 クラス	逃げ	先行	中団	後方	マクリ
古馬OPEN	3.3%	36.7%	40.0%	20.0%	—
古馬1600万	16.7%	25.0%	47.2%	11.1%	—
古馬1000万	8.5%	41.5%	31.9%	18.1%	—
古馬500万	11.3%	45.9%	34.6%	8.2%	—
3歳500万	6.9%	48.3%	32.8%	12.1%	—
3歳未勝利	9.8%	48.4%	33.7%	8.2%	—
2歳未勝利	14.5%	50.0%	24.2%	11.3%	—

重・不良 クラス	逃げ	先行	中団	後方	マクリ
古馬OPEN	25.0%	50.0%	—	25.0%	—
古馬1600万	10.0%	20.0%	50.0%	20.0%	—
古馬1000万	7.1%	50.0%	35.7%	7.1%	—
古馬500万	11.9%	38.1%	35.7%	14.3%	—
3歳500万	—	75.0%	25.0%	—	—
3歳未勝利	14.6%	47.9%	20.8%	17.0%	—
2歳未勝利	25.0%	33.3%	41.7%	—	—

東京
中山
京都
阪神
中京
札幌
函館
新潟
福島
小倉

好走タイプがよくわかる
コース分析&攻略のコツ

　引き込み線から芝コースを横切るスタートから、向こう正面の直線を600m以上走ります。このためテンはそれなりに速くなりますが、それでいてラストの上がりもそれなりに速いので、単純なスピードだけでも瞬発力だけでも対応できず、総合的な底力が要求されることになります。テンと上がりの両方に"関門"があるので、ダート戦としてはレースの流れに幅があり、展開によって先行も差しも均等にチャンスがあります。このため同コースで複数の好走があれば信頼度は上

東京ダ1600m

このコースはそのまま信頼できる！

②短距離底力「バタバタ」コース

| 京都1400m | 阪神1400m | 中京1400m | 東京1600m |

基本的に評価、特に上がり速い好走を高評価。同コース以外では中京1400が最もリンクするので、ここでの好走はそのまま信頼する。

がりますが、それ以外にもいろんなルートで"買い要素"の断片を拾えるので、これを手掛かりに穴馬を探す姿勢で挑むコースと言っていいでしょう。

　明確な傾向として、外枠有利であるのは意識しなければいけない大きなポイント。内枠より中枠、中枠より外枠、特に8枠は圧倒的有利であることはデータが証明しています。そもそも競馬は直線競馬を除くあらゆるコースで走破距離が短くて済む内枠が得になるものですが、ダート戦の場合は砂を被りにくい外枠のレースのしやすさが距離損をある程度相殺でき、更に芝スタートで外の方が芝部分を長く走れるコースでは外枠有利になることも。ダートではブレーキが掛かると再加速が難しいので、特に長い直線のこのコースでは、スムーズに運べる外枠が圧倒的に有利…という構図になっています。

　同じカテゴリー②短距離底力「バタバタ」コースの他場の内容はリンクしやすく、特に上がりが速いと信用しやすくなりますが、なかでも最も性質が近いのは直線が長い中京1400です。また④中距離スピード「スイスイ」コースと⑤中距離総合力「じわじわ」コースで先行して好走していれば、ここでもマイペースで先行すれば粘り込める可能性が比較的高くなります。そして意外にも、⑥中距離底力「グダグダ」コースで先行して負けた馬が巻き返すのが妙味の種となります。

46　砂にまみれて飯を食う

CHAPTER 3

パーツに注目

このコースのココを見よう!

④中距離スピード「スイスイ」コースでの先行
⑤中距離総合力「じわじわ」コースでの先行
⑥中距離底力「グダグダ」コースでの先行

　総合的な底力勝負になるので、中距離で先行して好走の底力があればここでも好走の可能性がある。特にテンが上り坂で負荷が大きい⑥中距離底力「グダグダ」コースで先行して好走した馬は、1秒程度負けていても劇的な巻き返しがある。

東京 / 中山 / 京都 / 阪神 / 中京 / 札幌 / 函館 / 新潟 / 福島 / 小倉

狙える馬・買えるパターンは?

Sample Race

2016/10/22　東京10R 秋嶺S(1600万下)

1着
⑩ドリームキラリ
(5番人気)　○

④中距離スピード「スイスイ」コースの函館1700・⑤中距離総合力「じわじわ」コースの札幌1700で先行して500万下・1000万下圧勝。

```
2札⑥9・4釧路100013ﾄ1
毛ダ1443 黛 57 △
M36.1-36.4□□□□曇
0.5スリーアロー47611ﾟ5ﾍ
札ダ⑤70.5 39.2 12.2 ↗
                    (前走)
```

2着
⑦ディアデルレイ
(1番人気)　○

前走同コースの1000万下を圧勝。

```
2東⑦5・141000万下16ﾄ1
天ダ1363戸崎57B△
M35.9-35.6 ③③②中
0.4ダイワインパ50015ﾟ2ﾍ
南W 79.0 37.6 12.8 →
                    (前走)
```

3着
⑥クロフネビームス
(3番人気)　○

前走⑥中距離底力「グダグダ」コースで先行して辛勝の勝ち上がり。

```
4中山⑤9・24茨城100016ﾄ1
天ダ1525吉田豊55○
S38.4-35.9③③⑤④内
ﾊｯｺｽﾓｶﾅﾃﾞ47810ﾟ1ﾍ
美坂 54.6 39.1 12.2 →
                    (前走)
```

※馬名横の印は予想時の各馬に対する評価を「◎絶好の狙い目」「○狙い目」「△買える」「×狙い下げ」のイメージで付けています。

第3章　JRA28コース完全攻略　47

❼ 中距離瞬発力コース
東京ダ2100m

高低断面図

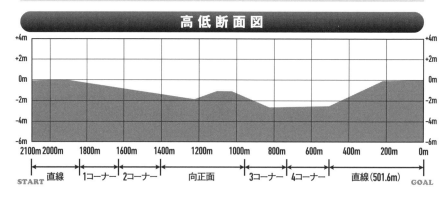

コースのポイント

- ☑ テンが最も遅く、更に中弛みを経て上がりが速くなる

- ☑ 1800でスタミナ切れした馬が、瞬発力で浮上する場合も

クラス別平均分割ラップ

クラス	第1ブロック 2.5F	第2ブロック 3F	第3ブロック 2F	第4ブロック 3F	勝ち馬平均
古馬OPEN	30.3	37.9	25.0	37.2	2.10.4
古馬1600万	31.0	37.8	25.4	37.1	2.11.3
古馬1000万	31.1	38.4	25.5	37.2	2.12.2
古馬500万	31.6	38.9	25.6	37.5	2.13.5
3歳未勝利	31.4	39.5	26.3	38.3	2.15.5

枠番別連対率

枠	12頭以下	13頭以上
1 枠	15.8%	10.2%
2 枠	5.3%	16.8%
3 枠	42.1%	16.9%
4 枠	26.3%	9.1%
5 枠	26.1%	10.6%
6 枠	18.5%	16.8%
7 枠	12.5%	12.5%
8 枠	16.7%	12.0%

クラス別連対脚質

良 クラス	逃げ	先行	中団	後方	マクリ
古馬OPEN	5.6%	33.3%	44.4%	16.7%	－
古馬1600万	11.1%	30.6%	47.2%	11.1%	－
古馬1000万	9.3%	40.7%	31.5%	18.5%	－
古馬500万	16.1%	50.0%	25.8%	6.5%	1.6%
3歳未勝利	15.5%	47.9%	28.2%	1.4%	7.0%

重・不良 クラス	逃げ	先行	中団	後方	マクリ
古馬OPEN	－	100%	－	－	－
古馬1600万	－	－	－	－	－
古馬1000万	12.5%	50.0%	25.0%	12.5%	－
古馬500万	16.7%	38.9%	22.2%	16.7%	5.6%
3歳未勝利	10.0%	55.0%	20.0%	5.0%	10.0%

好走タイプがよくわかる
コース分析&攻略のコツ

　スタンド前のスタートで、上り坂を上り切ってそのまま1コーナーに入ることもあり、テンはかなり緩め。中盤「第2ブロック」「第3ブロック」は更に緩んで上がりだけ少し速くなる、"中弛み"ラップが刻まれます。

　テンが緩いのに差しが決まりやすいコースで、テン速く前がバテて差しが決まる⑥中距離底力「グダグダ」コースとは違って、しっかり脚を溜めて末を活かせるタイプが瞬発力で浮上します。距離が長いので

東京ダ2100m

このコースはそのまま信頼できる!

７中距離瞬発力「ぐいぐい」コース

京都1900m　阪神2000m　東京2100m

基本的に信頼。ダートにしては珍しく中弛みラップで特殊な適性が問われるので、特に「同カテゴリーで好走・別カテゴリーで凡走」のタイプを思い切って狙い打つ。

スタミナ勝負だと思われがちですが、折り合いと上がりのキレ（瞬発力）の方が必要なので、⑥中距離底力「グダグダ」コースでスタミナ切れで失速した馬が、全く違うレースぶりで浮上することがしばしばあります。別カテゴリーの成績を度外視して、大胆な穴を狙えるコースと言っていいでしょう。

基本は同カテゴリー⑦中距離瞬発力「ぐいぐい」コースでの好走をそのまま信頼、同じ差し優位でも必要な資質が違う⑥中距離底力「グダグダ」コースでの好走をあまり信頼しないことで馬券的な妙味を追います。東京開催の直前には中山開催が行われているので、そもそも⑦中距離瞬発力「ぐいぐい」コースの好走がある馬が、中山1800で上がりは上位だが届かないレースを経て、東京替わりで激走するのを狙うのが王道パターンです。

CHAPTER 3

このコースのココを見よう！

⑥中距離底力 グダグダ コースの上がり

特に、追走一杯で後方から上がりだけは上位だが勝ち負けには全く届かない、という馬が、ゆったり追走できて一変するのが狙い目となる。

狙える馬・買えるパターンは？

Sample Race

2016/5/22　東京12R 丹沢S（1600万下）

1着　⑥エルマンボ（2番人気）　◎

同カテゴリーの同級戦で3・6着とメンバー中で上位、⑥中距離底力「グダグダ」コースで4・2・6・3着があったが最先着の2着時がNo2上がりと、買い要素は充実。

3着　⑨セイカフォルテ（15番人気）　○

同コースで同級6・4・5・3・6・3着と6戦連続6着以内に好走も、この間⑥中距離底力「グダグダ」コースでの13・11・10・2・7・7着を挟んだために必要以上に人気を落としていて妙味は十分。しかも着順が悪い⑥中距離底力「グダグダ」コースのなかでも上がりNo1・No3があり、買い要素は複数ある。

※馬名横の印は予想時の各馬に対する評価を「◎絶好の狙い目」「○狙い目」「△買える」「×狙い下げ」のイメージで付しています。

第3章　JRA28コース完全攻略　51

1 短距離スピードコース

中山ダ1200m

NAKAYAMA DIRT COURCE

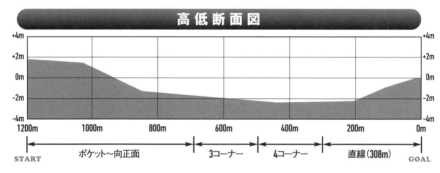

高低断面図

コースのポイント

☑ テンの芝スタート＋下り坂でスピード勝負

☑ ラストの上り坂で、クラスが上がると劇的に差しが決まる

CHAPTER 3

クラス別平均分割ラップ

クラス	テン3F	上がり3F	勝ち馬平均
古馬OPEN	34.1	36.6	1.10.7
古馬1600万	33.8	37.2	1.11.0
古馬1000万	34.0	37.5	1.11.5
古馬500万	34.3	37.7	1.12.0
3歳500万	34.3	37.9	1.12.1
3歳未勝利	34.6	38.5	1.13.0
3歳新馬	35.2	38.6	1.13.8
2歳未勝利	34.6	38.5	1.13.1

枠番別連対率

枠	12頭以下	13頭以上
1 枠	37.5%	11.3%
2 枠	0.0%	12.2%
3 枠	12.5%	11.5%
4 枠	12.5%	14.5%
5 枠	16.7%	11.8%
6 枠	8.3%	14.8%
7 枠	14.3%	11.9%
8 枠	37.5%	13.7%

クラス別連対脚質

良 クラス	逃げ	先行	中団	後方	マクリ
古馬OPEN	13.3%	30.0%	36.7%	20.0%	－
古馬1600万	15.8%	28.9%	34.2%	21.1%	－
古馬1000万	8.3%	46.4%	31.0%	14.3%	－
古馬500万	15.3%	42.4%	29.9%	12.5%	－
3歳500万	18.2%	40.9%	27.3%	13.6%	－
3歳未勝利	18.1%	57.1%	23.6%	1.1%	－
2歳未勝利	23.1%	46.2%	28.8%	1.9%	－

重・不良 クラス	逃げ	先行	中団	後方	マクリ
古馬OPEN	－	50.0%	－	50.0%	－
古馬1600万	－	50.0%	50.0%	－	－
古馬1000万	16.7%	33.3%	－	50.0%	－
古馬500万	5.0%	40.0%	45.0%	10.0%	－
3歳500万	11.1%	72.2%	16.7%	－	－
3歳未勝利	15.3%	50.0%	32.2%	2.5%	－
2歳未勝利	27.8%	44.4%	16.7%	11.1%	－

好走タイプがよくわかる
コース分析&攻略のコツ

　引き込み線スタートで最初芝部分を走るので、テンは速くなります。しかもこの部分（向こう正面）は直線でかつ下り坂なのでオーバーペースになることも多く、上がりが掛かるのが特徴的で、1200戦なのにレースの上がり3Fは全クラスで東京1600より遅くなっています。

　このため、テンの激流について行けるスピードは必須ですが、ラストの急坂で上がりが掛かる＝底力を要するので、このカテゴリー

東京 / 中山 / 京都 / 阪神 / 中京 / 札幌 / 函館 / 新潟 / 福島 / 小倉

第3章 JRA28コース完全攻略　53

中山ダ1200m

このコースはそのまま信頼できる！

①短距離スピード ビュンビュン コース

中山1200m	京都1200m	阪神1200m
中京1200m	札幌1000m	函館1000m
新潟1200m	福島1150m	小倉1000m

なかでも中山・阪神・中京1200はそのまま信頼、それ以外のコースは逃げ・先行馬の評価を少し下げて差し馬の評価を少し上げる。また信頼コースでも、逃げ・先行で勝ち上がっての昇級戦で人気ならば、よほど時計が速くなければ疑ってみたい。

　の中では最も②短距離底力「バタバタ」コース寄りの性質を持っています（4ページの『ダ界地図』で、②寄りの位置にあるのはこのためです）。下級条件では前も後ろもバテて結局逃げ・先行有利ですが、上級条件では一転して差しが決まるのも②寄りの特徴で、連対脚質「逃げ＋先行」の割合が未勝利では約7割・500万下では約6割なのに対して、1000万下では約5割と拮抗、1600万下・OPでは4割程度まで落ち込みます。

　これを踏まえて、下級条件では基本的に①短距離スピード「ビュンビュン」コースの実績を信頼しますが、上級条件では同コース以外での逃げ・先行での好走は少し評価を下げる、逆に差し・追い込み馬の評価を上げる、という微調整が必要です。但し、同じく急坂がある阪神1200・中京1200を重視して、これらの実績はそのまま信頼しましょう。また逃げ・先行で勝ち上がった昇級馬は、クラスが上がるほど劇的に好走のハードルが上がるので、人気ならば疑ってみたいところです。

　妙味の狙い方としては、②短距離底力「バタバタ」コースで先行して止まった馬の巻き返しで、同じ芝スタート＆テン下り坂の阪神・中京でも1400では気分よく脚を使い切って沈んでしまう馬が、距離短縮で激走するパターンはよく起こります。

CHAPTER 3

このコースのココを見よう！

②短距離底力 コースの先行

特に同じく芝スタートで急流になりやすい阪神・中京・京都1400や東京1600で、先行して沈んでいる馬は巻き返しも望める。特にラスト急坂の阪神・中京での大敗は目をつぶって、200m短縮での一変に賭ける手も。

狙える馬・買えるパターンは？

Sample Race

2016/2/28 中山10R ブラッドストーンS（1600万下）

1着 ⑫ワイドエクセレント（8番人気） ◎

5走前に同舞台で1000万下を差し切り、4走前は同舞台の1600万下で久々かつ不利な逃げで3着粘りの健闘。2走前は阪神1400で先行して大敗して休養入り、休養明けで適性外の東京1400を叩いた今回は勝負。

（4走前）

2着 ⑪フクノドリーム（2番人気） ○

同カテゴリーの同級戦で3・11・6着、特に同コースでは3・6着と信頼度は高い。②短距離底力「バタバタ」コースでは3歳OP端午Sで逃げての10着があり、距離短縮での巻き返しが狙えるパターン。

（前走）

※馬名横の印は予想時の各馬に対する評価を「◎絶好の狙い目」「○狙い目」「△買える」「×狙い下げ」のイメージで付しています。

第3章　JRA28コース完全攻略　55

東京　中山　京都　阪神　中京　札幌　函館　新潟　福島　小倉

❻中距離底力コース
中山ダ1800m

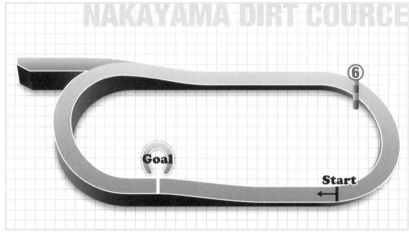

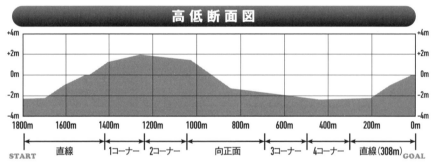

コースのポイント

✅ テンと上がりで2度の急な上り坂、究極の底力勝負

✅ 「年始＞春＞年末＞秋」の順に時計が掛かって差しも決まる

クラス別平均分割ラップ

クラス	テン3F	中盤3F	上がり3F	勝ち馬平均
古馬OPEN	36.7	37.8	38.1	1.52.5
古馬1600万	37.0	37.7	38.3	1.52.9
古馬1000万	37.6	38.3	38.4	1.54.3
古馬500万	37.5	38.7	38.8	1.55.0
3歳500万	37.5	39.3	38.4	1.55.3
3歳未勝利	38.0	39.4	39.7	1.57.0
3歳新馬	39.1	40.4	38.9	1.58.4
2歳未勝利	37.6	39.4	40.1	1.57.0

枠番別連対率

枠	12頭以下	13頭以上
1枠	11.1%	10.1%
2枠	18.5%	11.3%
3枠	3.7%	11.7%
4枠	18.5%	10.7%
5枠	26.3%	14.4%
6枠	31.0%	14.3%
7枠	14.6%	12.5%
8枠	19.2%	17.7%

クラス別連対脚質

良 / クラス	逃げ	先行	中団	後方	マクリ
古馬OPEN	16.7%	33.3%	22.2%	16.7%	11.1%
古馬1600万	17.6%	47.1%	26.5%	5.9%	2.9%
古馬1000万	7.1%	47.1%	37.1%	8.6%	—
古馬500万	12.5%	46.5%	25.0%	9.0%	6.9%
3歳500万	15.0%	50.0%	27.5%	—	7.5%
3歳未勝利	19.4%	48.6%	24.5%	3.2%	4.2%
2歳未勝利	19.2%	53.8%	23.1%	—	3.8%

重・不良 / クラス	逃げ	先行	中団	後方	マクリ
古馬OPEN	—	100.0%	—	—	—
古馬1600万	25.0%	—	50.0%	25.0%	—
古馬1000万	37.5%	37.5%	12.5%	12.5%	—
古馬500万	13.6%	36.4%	36.4%	—	13.6%
3歳500万	10.0%	60.0%	15.0%	10.0%	5.0%
3歳未勝利	17.0%	50.9%	23.2%	0.9%	8.0%
2歳未勝利	25.0%	54.2%	12.5%	—	8.3%

好走タイプがよくわかる コース分析&攻略のコツ

　スタンド前スタートで、1周してまたスタンド前の直線。世界中でよく見るコーナー4回の一般的なコースに見えますが、その間に「4.5m上って、4.5m下って、また2.5m上る」という世界的にも極めて稀な激しい起伏があります。このため相当タフなレースが展開され、極度に底力が要求されるコースです。予想の際にはどんな「脚質」かというよりも、直接的にこのコースが得意＝底力の「資質」があるかどうかが重要で、ある意味シンプルな要素で見極められるとも

中山ダ1800m

このコースはそのまま信頼できる！

⑥中距離底力「グダグダ」コース

| 中山1800m | 阪神1800m | 中京1800m | 中京1900m |

究極の底力勝負なので、同カテゴリーでの好走のみを評価するだけでシンプルに妙味が追えて狙いも絞れる。当然、そのなかでも同舞台戦を重視する。

言えます。

　一にも二にも、同カテゴリー⑥**中距離底力「グダグダ」コース**での実績重視で、なかでも同コースの実績が最重要。逆に言えば、馬柱から別カテゴリーの成績を消してしまうぐらいの感覚で新聞を眺めてみて、思い切った"攻めの予想"をしてみるのもいいでしょう。

　重要な補足事項として、タフな舞台だけにダートにしては珍しく馬場のバイアスが大きく、季節によって攻め方を変える必要がある、ということを挙げておきます。秋開催（9月）と年始開催（1月）の勝ち時計は1秒ほど違って、その時計差の大部分が「上がり3F」に集約されているので、年明け開催は劇的に差し・追い込みが効くようになります。9月や12月の同舞台戦で上位の上がりは使っているものの届かなかった馬が、1月や2月のレースで圏内まで届いて時折大波乱の目となるので注意が必要です。

CHAPTER 3

このコースのココを見よう！

7 中距離瞬発力 コースでの上がり

基本的に別カテゴリーは度外視でいいが、差しの決まる年始〜春の馬場ならば、瞬発力タイプの末脚がハマる可能性も。穴馬要員としてならば。

狙える馬・買えるパターンは？

Sample Race

2016/1/9 中山11R ポルックスS（OP）

1着 ⑥サンマルデューク（12番人気） ◯

前走同コースの師走Sで15番人気ながら追い込み決まって1着だが、ハンデ52キロがハマってのフロックと思われたのか別定57キロのここでも人気薄。12月より外差し決まりやすい1月開催では、斤量差を適性差で埋めることはある程度予見でき、人気薄ならば買える。

（前走）

3着 ⑨ヒラボクマジック（10番人気） △

同カテゴリーのなかでも最も底力を要する同コースで、1600万下3・1着があり、OPでも1戦して5着とそこそこの好走。条件戦でも勝ち鞍は全てこのコースのみで、不得手なコースで4・6着して迎えたここは得意コース戻りで激走の可能性はある。

（3走前）

※馬名横の印は予想時の各馬に対する評価を「◎絶好の狙い目」「◯狙い目」「△買える」「×狙い下げ」のイメージで付しています。

❶ 短距離スピードコース
京都ダ1200m

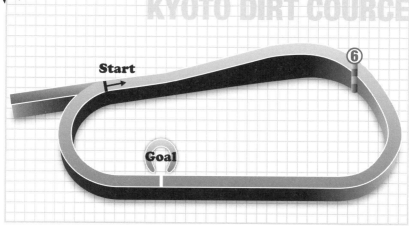

高低断面図

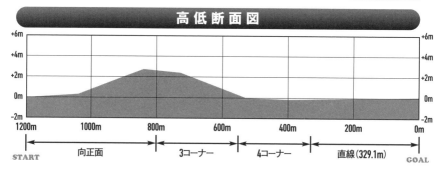

コースのポイント

☑ テン上り坂なので、額面以上にスピードが要求される

☑ 強い馬は行き切れば粘れるので、砂スタートでの好走を特に信頼

クラス別平均分割ラップ

クラス	テン3F	上がり3F	勝ち馬平均
古馬OPEN	34.8	35.9	1.10.7
古馬1600万	34.7	36.5	1.11.2
古馬1000万	34.9	36.7	1.11.5
古馬500万	35.3	36.8	1.12.1
3歳500万	35.2	37.0	1.12.2
3歳未勝利	35.8	37.4	1.13.2
2歳未勝利	35.7	37.5	1.13.1
2歳新馬	36.3	37.1	1.13.4

枠番別連対率

枠	12頭以下	13頭以上
1 枠	16.7%	11.7%
2 枠	19.4%	11.6%
3 枠	22.2%	13.1%
4 枠	17.6%	13.4%
5 枠	19.6%	13.5%
6 枠	11.9%	13.7%
7 枠	27.7%	12.4%
8 枠	16.2%	14.1%

クラス別連対脚質

良 クラス	逃げ	先行	中団	後方	マクリ
古馬OPEN	16.7%	50.0%	22.2%	11.1%	－
古馬1600万	11.9%	33.3%	45.2%	9.5%	－
古馬1000万	12.5%	35.9%	35.9%	15.6%	－
古馬500万	8.8%	53.6%	30.4%	7.2%	－
3歳500万	29.4%	47.1%	17.6%	5.9%	－
3歳未勝利	26.9%	47.7%	20.0%	5.4%	－
2歳未勝利	25.0%	51.9%	23.1%	－	－

重・不良 クラス	逃げ	先行	中団	後方	マクリ
古馬OPEN	－	－	－	－	－
古馬1600万	－	33.3%	33.3%	33.3%	－
古馬1000万	14.3%	50.0%	21.4%	14.3%	－
古馬500万	21.4%	42.9%	32.1%	3.6%	－
3歳500万	33.3%	33.3%	33.3%	－	－
3歳未勝利	21.1%	42.1%	31.6%	5.3%	－
2歳未勝利	33.3%	41.7%	25.0%	－	－

好走タイプがよくわかる
コース分析&攻略のコツ

　ラップタイムを見始めると、芝でもダートでも「1200戦のなかでは、京都1200のテン（前半）が最も遅い」ということに気付きます。その理由は、コースの平面図だけを見ても分かりづらいですが、起伏図を見れば一目瞭然。京都1200は前半がほとんど上り坂で、このため同じスピードでダッシュしても、前半に下り坂がある阪神や中京よりもラップが遅くなるのです（ちなみに新潟はほぼ平坦ですが芝スタートなので速くなり、中山は芝スタート＋前半下り坂なので最も

第3章　JRA28コース完全攻略　61

京都ダ1200m

このコースはそのまま信頼できる！

①短距離スピード コース

中山1200m	京都1200m	阪神1200m
中京1200m	札幌1000m	函館1000m
新潟1200m	福島1150m	小倉1000m

基本的に評価するが、なかでも特に京都・阪神・中京1200の好走を信頼。また中山・阪神・中京での先行好走は信頼。これらの実績がある馬が、札幌・函館・小倉1000mで先行できていれば加点材料とする。

速くなります）。テンのラップが他より遅いので、一見スピードよりキレが重要に見えますが、しかし実際は上り坂で先行するには額面よりもずっとスピードが必要というのが真理です。そして決着も相応に先行有利なので、やはりスピードが最重要ということが分かります。

また特徴的なのは、通常はクラスが上がるほど差しが決まる度合いが上がるところ、このコースはオープンクラスで「逃げ・先行」のシェアが大きくなるということ。少々厳しいペースでも先行してしまえば後半は下り坂〜平坦で粘り込めてしまうので、これもスピードが重要であることの裏付けと言っていいでしょう。

当然ながら、①短距離スピード「ビュンビュン」コースでの成績が重要ですが、なかでも同じ砂スタートの京都・阪神・中京1200での好走は信頼。またラスト急坂の中山・阪神・中京1200で先行して好走できていれば信頼度は上がりますし、少々負けていても巻き返しは可能。1000m戦の好走はそのまま信用はできませんが、1200mで好走する実績がある馬が1000mでも先行するスピードを示していれば、有利に運べるので加点材料としましょう。

CHAPTER 3

このコースのココを見よう！

②短距離底力コースの先行好走

③短距離瞬発力コースの先行好走

別カテゴリーはあまりリンクしないが、強いて言えばハイペースになりやすい②短距離底力「バタバタ」コースや差しが決まる③短距離瞬発力「サーッと」コースで先行してある程度粘っていれば、距離短縮で大幅な巻き返しが可能な場合がある。

狙える馬・買えるパターンは？

Sample Race

2016/11/20　京都12R 西陣S（1600万下）

1着　①スミレ（1番人気）

前走はカテゴリーの違う京都1400での勝ち上がりで、通常は距離が違うと信用しづらいが、前残りが難しい②短距離底力「バタバタ」コースでの逃げ切りでの圧勝だったので、人気でもしっかり買うべき存在。

(前走)

3着　⑧メイショウワダイコ（6番人気）

同級の芝スタート阪神1200で先行しての0.6差7着があり、巻き返しの可能性はある。1000万下の2勝は共にこの舞台で適性十分、特に前走は急流での勝ち上がりで昇級戦でも狙える水準。

(前走)

※馬名横の印は予想時の各馬に対する評価を「◎絶好の狙い目」「○狙い目」「△買える」「×狙い下げ」のイメージで付しています。

❷ 短距離底力コース
京都ダ1400m

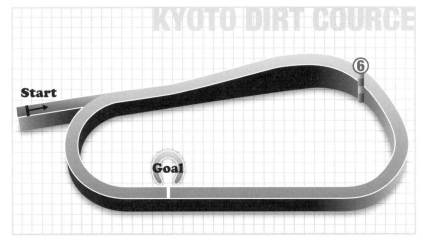

高低断面図

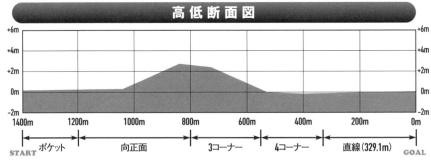

コースのポイント

- ✓ 芝スタートで急流、ラストは平坦だが上がり掛かって差しも決まる
- ✓ 同カテゴリーを評価、④中距離スピード「スイスイ」コースも重視

CHAPTER 3

クラス別平均分割ラップ

クラス	テン3F	中盤1F	上がり3F	勝ち馬平均
古馬OPEN	35.2	12.0	36.2	1.23.4
古馬1600万	34.8	12.1	36.9	1.23.8
古馬1000万	34.9	12.1	37.2	1.24.3
古馬500万	35.0	12.2	37.4	1.24.7
3歳500万	35.0	12.3	37.8	1.25.1
3歳未勝利	35.5	12.5	38.0	1.26.0
2歳未勝利	35.5	12.5	38.2	1.26.1
2歳新馬	35.9	12.5	38.0	1.26.4

枠番別連対率

枠	12頭以下	13頭以上
1 枠	15.2%	15.2%
2 枠	15.2%	13.3%
3 枠	27.3%	11.4%
4 枠	24.2%	12.7%
5 枠	17.0%	11.9%
6 枠	17.5%	15.6%
7 枠	16.4%	11.8%
8 枠	16.9%	11.7%

クラス別連対脚質

良 クラス	逃げ	先行	中団	後方	マクリ
古馬OPEN	16.7%	38.9%	38.9%	5.6%	－
古馬1600万	17.9%	42.9%	17.9%	21.4%	－
古馬1000万	11.7%	34.0%	33.0%	21.3%	－
古馬500万	20.3%	37.7%	29.7%	12.3%	－
3歳500万	11.5%	40.4%	32.7%	15.4%	－
3歳未勝利	22.0%	45.1%	30.3%	2.8%	－
2歳未勝利	21.7%	55.0%	20.0%	3.3%	－

重・不良 クラス	逃げ	先行	中団	後方	マクリ
古馬OPEN	－	66.7%	16.7%	16.7%	－
古馬1600万	16.7%	50.0%	33.3%	－	－
古馬1000万	22.2%	44.4%	22.2%	11.1%	－
古馬500万	18.2%	27.3%	36.4%	18.2%	－
3歳500万	10.0%	60.0%	10.0%	20.0%	－
3歳未勝利	16.7%	36.7%	43.3%	3.3%	－
2歳未勝利	12.5%	62.5%	18.8%	6.3%	－

好走タイプがよくわかる
コース分析&攻略のコツ

　芝スタートでハイペースになりがちなこのカテゴリーのなかでは、テンが最も緩くなるのがこの京都1400です。その理由は1200と同じく、京都だけが唯一「テンに急な上り坂がある」から。このため他の1400よりテンが緩くても同様にスピードが問われていますし、そのぶん上がりも掛かって底力を要するコースです。このカテゴリーでは唯一ラストは平坦&最も直線が短いにもかかわらず、他のコースと上がりも連対脚質の傾向もほぼ同じになっているので、必要以上に競

第3章　JRA28コース完全攻略　65

京都ダ1400m

このコースはそのまま信頼できる!

②短距離底力「バタバタ」コース

| 東京1600m | 京都1400m | 阪神1400m | 中京1400m |

同カテゴリーの好走を大きく加点。基本的に好走をそのまま評価するが、坂のある別コースの先行好走を特に信頼する。

馬場の得手不得手を考えるよりも、カテゴリー全体の適性を考えましょう。

　繰り返しますが、京都1800は阪神や中京の1800と違うカテゴリーですが、上記の理由から京都1400は阪神や中京の1400と同じカテゴリー。そして東京コースでは、同距離の1400ではなく1600が同じカテゴリー。これをしっかり意識して、同カテゴリーのレースを重視するだけで十分妙味が追えます。②短距離底力「バタバタ」コースの中では、同コースのパフォーマンスを当然重視しますが、別コースは全て坂があるのでこれらで先行しての好走も信頼します。

　別カテゴリーでは、④中距離スピード「スイスイ」コースでの好走を加点。④中距離スピード「スイスイ」コースと②短距離底力「バタバタ」コースは総じて適性が近くリンクしやすくなっていますが、特に②のなかで唯一直線平坦な京都1400に関してはその傾向が強くなっています。なかでも先行しての好走は距離短縮での激走に特に繋がりやすいので、特に穴馬発見に際しては積極的に評価しましょう。⑤中距離総合力「じわじわ」コースの先行好走も加点でき、特に京都1800は高評価。

CHAPTER 3

このコースのココを見よう！

④中距離スピード　スイスイ　コースでの先行好走

⑤中距離総合力　じわじわ　コースでの先行好走

④に関しては比較的「そのまま信頼できる」に近いリンクを見せるが、特に先行しての好走を高評価。⑤のなかではハイレベル京都1800での先行好走は特に加点する。

狙える馬・買えるパターンは？

Sample Race

2016/11/13　京都12R　ドンカスターC（1000万下）

1着　⑨イーデンホール（4番人気）　◎

3歳時から②短距離底力「バタバタ」コースの東京1600でOP2着・重賞6着があり、1000万下では別カテゴリーで7・8・8・5・16着と完敗を続けたが、前走は8か月ぶりの久々で同カテゴリーの500万下を圧勝。昇級戦でも十分狙える。

（前走）

3着　④サンライズウェイ（16番人気）　△

同カテゴリーの同級戦は3回しか走っておらず、4・6・12着。休養明けの12着を度外視すれば4・6着は0.3差・0.4差と実は差は僅かで、ここまで人気薄ならば印は回せる。

（5走前）

※馬名横の印は予想時の各馬に対する評価を「◎絶好の狙い目」「○狙い目」「△買える」「×狙い下げ」のイメージで付しています。

第3章　JRA28コース完全攻略　67

5 中距離総合力コース

京都ダ1800m

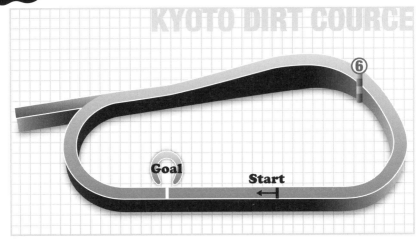

高低断面図

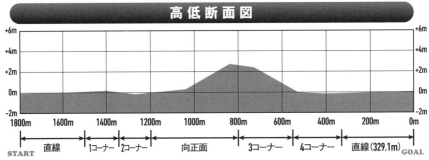

コースのポイント

✓ スピード・折り合い・持続力のバランスよい総合力勝負

✓ 基本は先行有利、ハイレベルで出世馬を生みやすいコース

クラス別平均分割ラップ

クラス	テン3F	中盤3F	上がり3F	勝ち馬平均
古馬OPEN	35.7	37.0	37.0	1.49.7
古馬1600万	36.3	37.7	37.2	1.51.2
古馬1000万	36.6	38.1	37.4	1.52.1
古馬500万	37.0	38.2	37.6	1.52.8
3歳500万	36.6	38.5	37.9	1.53.0
3歳未勝利	37.0	39.2	38.4	1.54.6
3歳新馬	38.1	39.8	38.0	1.55.9
2歳未勝利	37.2	39.1	38.6	1.55.0

枠番別連対率

枠	12頭以下	13頭以上
1枠	15.8%	15.5%
2枠	21.0%	13.5%
3枠	21.8%	15.6%
4枠	24.0%	11.2%
5枠	11.7%	14.6%
6枠	18.3%	12.4%
7枠	17.9%	11.4%
8枠	20.4%	12.4%

クラス別連対脚質

良

クラス	逃げ	先行	中団	後方	マクリ
古馬OPEN	—	50.0%	50.0%	—	—
古馬1600万	14.3%	52.4%	28.6%	2.4%	2.4%
古馬1000万	11.8%	48.0%	27.5%	8.8%	3.9%
古馬500万	21.3%	45.5%	23.0%	7.3%	2.8%
3歳500万	14.5%	45.2%	21.0%	12.9%	6.5%
3歳未勝利	20.1%	45.1%	29.4%	2.0%	3.4%
2歳未勝利	14.3%	42.9%	33.9%	3.6%	5.4%

重・不良

クラス	逃げ	先行	中団	後方	マクリ
古馬OPEN	—	50.0%	25.0%	25.0%	—
古馬1600万	50.0%	50.0%	—	—	—
古馬1000万	21.4%	35.7%	21.4%	14.3%	7.1%
古馬500万	13.9%	50.0%	27.8%	5.6%	2.8%
3歳500万	30.0%	60.0%	—	10.0%	—
3歳未勝利	22.4%	43.1%	29.3%	—	5.2%
2歳未勝利	12.5%	62.5%	—	—	25.0%

好走タイプがよくわかる
コース分析&攻略のコツ

　ごく標準的なスタンド前スタートで1周するレイアウト、淡々とミドルペースで流れますが、テンと上がりが平坦なので先行有利な決着が基本。但し、先行するスピードだけでなく、中盤の「上って下る」起伏で脚を溜める折り合いと、脚が持つところからスパートして最後まで伸びる持続力と、全てを平均的に要求されるので、結果的に人気通りのハイレベルな決着になることが多いコースでもあります。そもそも関西馬の方が層が厚い上に総合力勝負になるので、このコースで

京都ダ1800m

このコースはそのまま信頼できる！

5 中距離総合力「じわじわ」コース

京都1800m　札幌1700m　新潟1800m

同カテゴリーの好走を大きく加点。基本的に好走をそのまま評価するが、特に別コース（札幌1700・新潟1800）で差しての好走を大きく加点する。

　条件戦を勝ち上がった馬は総じて出世する傾向があることは覚えておきましょう。
　同じ 5 中距離総合力「じわじわ」コースの中では最も差が決まるので、同カテゴリーの実績を信頼しつつ、特に別コース（札幌1700・新潟1800）で差しての好走を大きく加点しましょう。別カテゴリーでは、 4 中距離スピード「スイスイ」コースでの差しての好走と、逆に 6 中距離底力「グダグダ」コースでの先行しての好走がそれぞれ評価できます。基本は実績通りの評価をするコースですが、 4 中距離スピード「スイスイ」コースでの上がりだけ・ 6 中距離底力「グダグダ」コースでのテンの先行力だけでも穴馬を探す指標にはなり得ます。同カテゴリーで負けた馬よりも、別カテゴリーで評価できるパーツがある「価値ある負け方」を探すのは、このコースに限らず妙味狙いの基本と言っていいでしょう。
　またハイレベルゆえに有力馬が多く軸の選択に迷うことが多々ありますが、明確に内枠有利の傾向があるので、迷った時には素直に内枠を取るのが好結果になることも多いコースです。

CHAPTER 3

このコースのココを見よう!

④中距離スピード スイスイ コースの上がり

⑥中距離底力 グダグダ コースでのテンの先行力

基本は各コース着順通りに実績馬を評価するが、④中距離スピード「スイスイ」コースで上位の上がりを使うも届かなかった馬、⑥中距離底力「グダグダ」コースで先行して失速した馬が、それぞれ巻き返すのに妙味がある。

狙える馬・買えるパターンは?

Sample Race

2016/10/22 京都12R 3歳上1000万下

1着 ④マイネルオフィール(8番人気) ◯

⑥中距離底力「グダグダ」コースで先行しての3着が2回あり、その後⑤中距離総合力「じわじわ」コースでは9・10着止まりも本来の先行ができなかったもの。そもそも1000万下は同カテゴリーで逃げて上位上がりで完勝しているだけに、人気薄でも先行できれば巻き返しは望めた。

(5走前)

2着 ⑧クリノリトミシュル(3番人気) ◎

同コースで500万下圧勝とOP4着があり、ハイレベルコースでの好走がある得意条件。その後⑥中距離底力「グダグダ」コースばかりを使って3・3・5着も、得意条件に戻れば信頼できた。

(4走前)

※馬名横の印は予想時の各馬に対する評価を「◎絶好の狙い目」「◯狙い目」「△買える」「×狙い下げ」のイメージで付しています。

第3章　JRA28コース完全攻略　71

❼ 中距離瞬発力コース
京都ダ1900m

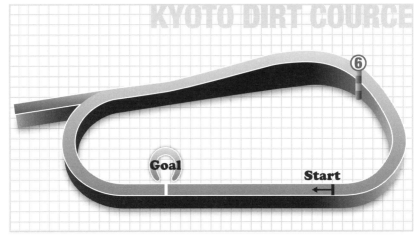

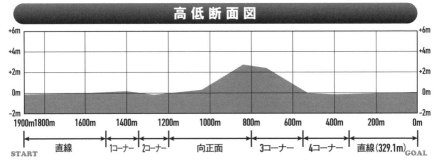

コースのポイント

- ✅ 1800から100m延びるだけで、ガラッと違う"中弛みラップ"
- ✅ 瞬発力が必須、全体の時計無視で上がりだけを評価して穴馬を探す

クラス別平均分割ラップ

クラス	テン2.5F	中盤4F	上がり3F	勝ち馬平均
古馬OPEN	29.6	50.2	36.9	1.56.6
古馬1600万	30.2	50.9	37.1	1.58.2
古馬1000万	30.0	51.3	37.6	1.58.8
古馬500万	30.6	52.1	37.8	2.00.6
3歳未勝利	30.1	52.9	38.3	2.01.3

枠番別連対率

枠	12頭以下	13頭以上
1 枠	19.2%	22.9%
2 枠	11.5%	9.5%
3 枠	32.0%	19.2%
4 枠	23.1%	8.5%
5 枠	11.8%	8.5%
6 枠	11.9%	15.9%
7 枠	22.7%	6.1%
8 枠	21.6%	14.6%

クラス別連対脚質

良 / クラス	逃げ	先行	中団	後方	マクリ
古馬OPEN	12.5%	37.5%	50.0%	—	—
古馬1600万	15.0%	40.0%	35.0%	10.0%	—
古馬1000万	21.1%	44.7%	26.3%	7.9%	—
古馬500万	21.7%	43.5%	23.9%	6.5%	4.3%
3歳未勝利	35.7%	42.9%	21.4%	—	—

重・不良 / クラス	逃げ	先行	中団	後方	マクリ
古馬OPEN	—	50.0%	50.0%	—	—
古馬1600万	25.0%	25.0%	50.0%	—	—
古馬1000万	50.0%	50.0%	—	—	—
古馬500万	14.3%	64.3%	21.4%	—	—
3歳未勝利	—	50.0%	50.0%	—	—

好走タイプがよくわかる
コース分析&攻略のコツ

　スタート後にスタンド前の直線を380mほど走るので、同じ京都でも1800とは異なり「テンが速く、1コーナーでガクッとペースが落ちる」ラップが刻まれます。近年は中盤ある程度飛ばして押し切る馬も増えてきており、同カテゴリーのなかでは阪神2000や東京2100と比べると"中弛み"の度合いはやや下がっていますが、それでもいわゆる"中弛みラップ"になるので、基本的には中盤折り合って速い上がりを使う能力が必須です。

京都ダ1900m

このコースはそのまま信頼できる！

7 中距離瞬発力 ぐいぐい コース

| 東京2100m | 京都1900m | 阪神2000m |

溜めて速い上がりを使えるのが基本なので、同カテゴリーでの実績重視。好位から上位の上がりを使っての好走を最も信頼する。

　基本は先行有利ですが、"中弛み"適性がある馬はしっかり差せるので、言うまでもなく同カテゴリーの7中距離瞬発力「ぐいぐい」コースでの実績が重要になります。別カテゴリーでは、5中距離総合力「じわじわ」コースや6中距離底力「グダグダ」コースで上位の上がりが使えていれば加点できますが、瞬発力を測るという意味では特にスローでの速い上がりが好材料。スローだと全体の時計は遅くなるので、例えば「京都1800を差し切った馬」同士の比較で言えば、京都1900ではむしろ遅いタイムの方が「買い」になることになります。
　前述の通り、時折"中弛み"の度合いが減って先行馬が押し切るパターンも発生しますが、それでも好走するのは"溜めればキレる"タイプが主流なので、しっかり瞬発力を測りましょう。

CHAPTER 3

このコースのココを見よう！

5 中距離総合力 じわじわ **コースの上がり**

6 中距離底力 グダグダ **コースの上がり**

急流を差すパターンは違う適性が問われるので、全体の時計は無視して自身の上がりの速さだけを評価する。スローで後方から上がりだけ速いが届かない、という方が穴馬としては有効。

狙える馬・買えるパターンは？

Sample Race

2016/4/24 京都10R 桃山S（1600万下）

2着 ⑨ミキノハルモニー（5番人気） ◯

同級で7・3着だが、別カテゴリーで7着・同カテゴリーで3着と両極端、しかも1000万下勝ち上がりも同カテゴリーと適性は明確。人気薄ならばしっかり狙える。

3着 ②トラキチシャチョウ（3番人気） △

同カテゴリーでは1000万下で2・1着があり適性はなかなか、同級では④中距離スピード「スイスイ」コースの方が着順がいいだけに過信はできないが、前走は⑥中距離底力「グダグダ」コースで最速上がりと対応の可能性は十分。当然マークは必要な存在。

※馬名横の印は予想時の各馬に対する評価を「◎絶好の狙い目」「◯狙い目」「△買える」「×狙い下げ」のイメージで付しています。

第3章 JRA28コース完全攻略 75

❶ 短距離スピードコース
阪神ダ1200m

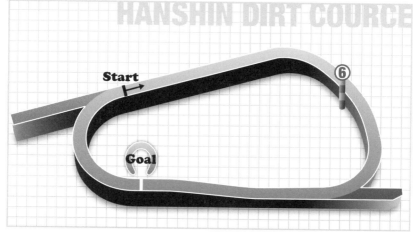

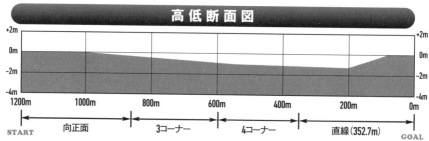

コースのポイント

- ✓ 脚を小出しにするコース形態で、圧倒的に先行有利

- ✓ まずはスピードありきで、急坂での底力も意識する

砂にまみれて飯を食う

CHAPTER 3

クラス別平均分割ラップ

クラス	テン3F	上がり3F	勝ち馬平均
古馬1600万	34.6	36.5	1.11.1
古馬1000万	34.7	36.6	1.11.3
古馬500万	34.9	37.0	1.11.9
3歳500万	35.1	37.2	1.12.3
3歳未勝利	35.6	37.4	1.13.0
2歳未勝利	35.7	37.6	1.13.4

枠番別連対率

枠	12頭以下	13頭以上
1枠	11.1%	11.2%
2枠	50.0%	9.3%
3枠	0.0%	17.0%
4枠	20.0%	10.8%
5枠	15.4%	11.2%
6枠	30.8%	11.5%
7枠	12.5%	10.8%
8枠	21.1%	20.7%

クラス別連対脚質

良 クラス	逃げ	先行	中団	後方	マクリ
古馬1600万	16.7%	50.0%	25.0%	8.3%	―
古馬1000万	13.0%	47.8%	23.9%	15.2%	―
古馬500万	12.9%	40.0%	37.1%	10.0%	―
3歳500万	18.8%	56.3%	18.8%	6.3%	―
3歳未勝利	18.4%	50.0%	29.6%	2.0%	―
2歳未勝利	25.8%	45.2%	19.4%	9.7%	―

重・不良 クラス	逃げ	先行	中団	後方	マクリ
古馬1600万	25.0%	37.5%	25.0%	12.5%	―
古馬1000万	14.3%	50.0%	21.4%	14.3%	―
古馬500万	14.7%	32.4%	38.2%	14.7%	―
3歳500万	7.1%	57.1%	35.7%	―	―
3歳未勝利	22.2%	56.9%	20.8%	―	―
2歳未勝利	35.7%	42.9%	21.4%	―	―

好走タイプがよくわかる
コース分析&攻略のコツ

　テンからずっと下り坂が続いて、ラスト200mで急な上り坂がある
コース。このレイアウトだけを見ると中山1200とほぼ同じですが、
綺麗な楕円形の中山に対して、阪神は特殊なおにぎり型で小出しに脚
を使い続ける形になるので、好位で立ち回れる器用な組が圧倒的に有
利になります。ラップを見ると、下級条件の方が「テンより上がりが
掛かる」前傾の度合いが高まりますが、下級条件ほど連対脚質のシェ
アは「逃げ＋先行」の優位が大きく、あくまでもスピードありきで底

東京 中山 京都 **阪神** 中京 札幌 函館 新潟 福島 小倉

第3章　JRA28コース完全攻略　77

阪神ダ1200m

このコースはそのまま信頼できる！

1 短距離スピード コース

中山1200m	京都1200m	阪神1200m
中京1200m	札幌1000m	函館1000m
新潟1200m	福島1150m	小倉1000m

中山・阪神・中京1200はそのまま信頼、特に中山・中京での逃げ・先行は評価を上げる。それ以外も評価するが、急坂（中山・阪神・中京）で常に凡走していれば評価を大きく下げる。

力も要求される、と言っていいでしょう。

　当然1短距離スピード「ビュンビュン」コースの実績が重要で、なかでも急坂がある中山・阪神・中京の実績が信頼できます。阪神よりも差し馬が加速しやすい中山や直線が長い中京で、先行して粘った馬は着順以上に特注馬とできるので、これが妙味のポイントとなります。逆に、京都1200・新潟1200・福島1150・札幌1000・函館1000・小倉1000といった平坦コースでの好走はやや信頼度が下がるので、急坂コースの得手不得手は意識してみてください。

　別カテゴリーでは、断然2短距離底力「バタバタ」コースの先行馬に注目で、特に馬柱に「H（ハイペース）」があるレースで先行していれば、大失速していても大きく巻き返せるチャンスがあります。大袈裟に言えば1秒差負けぐらいまでは「強い負け方」として、加点してもいいので、積極的に狙って行きましょう。これよりリンクの度合いは下がりますが、先行馬が不利な3短距離瞬発力「サーッと」コースで逃げ・先行で6着ぐらいまでに踏ん張っていれば、これも前進の目は十分あります。

CHAPTER 3

このコースのココを見よう！

2 短距離底力 コースの先行

3 短距離瞬発力 コースの先行粘り込み

先行して上位に粘っていれば信頼できる。特に 2 短距離底力「バタバタ」コースで「H（ハイペース）」で先行していれば、1秒程度負けていても加点できる。

狙える馬・買えるパターンは？

Sample Race

2015/6/14 阪神10R 三宮特別（1000万下）

1着 ⑪テイクファイア（11番人気） ◎

1 短距離スピード「びゅんびゅん」コースで常に先行できるスピードがあり、前々走は先行不利な中京1200の1000万下で2番手から6着とはいえ0.1差粘りならば、直線短い阪神での同級戦では十分狙い撃てる。

（2走前）

2着 ⑥ブルドックボス（1番人気） ◎

前走は 2 短距離底力「バタバタ」コースの3歳OPで2番手から3着粘りの底力、デビュー戦では 1 短距離スピード「びゅんびゅん」コースでの逃げ圧勝もありスピードも十分。

（前走）

※馬名横の印は予想時の各馬に対する評価を「◎絶好の狙い目」「○狙い目」「△買える」「×狙い下げ」のイメージで付しています。

第3章　JRA28コース完全攻略　79

2 短距離底力コース

阪神ダ1400m

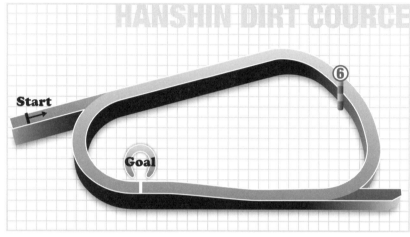

HANSHIN DIRT COURCE

高低断面図

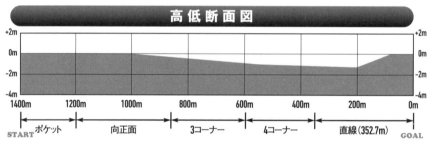

コースのポイント

☑ 急流＋ラストの急坂で、底力タイプの差しが届く

☑ 同カテゴリーを極端に重視するだけで、妙味が追える

CHAPTER 3

クラス別平均分割ラップ

クラス	テン3F	中盤1F	上がり3F	勝ち馬平均
古馬OPEN	34.7	11.9	36.4	1.23.0
古馬1600万	34.5	11.9	36.8	1.23.2
古馬1000万	34.9	12.1	37.1	1.24.2
古馬500万	34.7	12.2	37.6	1.24.5
3歳未勝利	35.3	12.4	37.9	1.25.6
2歳未勝利	35.4	12.4	38.5	1.26.3

枠番別連対率

枠	12頭以下	13頭以上
1枠	11.1%	13.5%
2枠	5.3%	9.4%
3枠	10.5%	10.0%
4枠	5.3%	11.7%
5枠	33.3%	12.4%
6枠	17.6%	15.7%
7枠	24.3%	15.6%
8枠	18.4%	14.3%

クラス別連対脚質

良 クラス	逃げ	先行	中団	後方	マクリ
古馬OPEN	16.7%	33.3%	41.7%	8.3%	―
古馬1600万	14.7%	44.1%	26.5%	14.7%	―
古馬1000万	11.1%	47.2%	36.1%	5.6%	―
古馬500万	10.5%	43.0%	37.2%	9.3%	―
3歳未勝利	19.8%	53.5%	24.4%	2.3%	―
2歳未勝利	26.3%	50.0%	21.1%	2.6%	―

重・不良 クラス	逃げ	先行	中団	後方	マクリ
古馬OPEN	14.3%	50.0%	35.7%	―	―
古馬1600万	―	50.0%	50.0%	―	―
古馬1000万	16.7%	33.3%	44.4%	5.6%	―
古馬500万	13.9%	44.4%	33.3%	8.3%	―
3歳未勝利	14.5%	53.2%	30.6%	1.6%	―
2歳未勝利	25.0%	58.3%	8.3%	8.3%	―

好走タイプがよくわかる
コース分析&攻略のコツ

　引き込み線の芝スタートで、3コーナーまで向こう正面を500m以上走るのでハイペースになりがちなコース。さらに向こう正面後半から4コーナーにかけて緩やかに下り坂が続くので、なし崩しに脚を使って、ラストの急坂では前が止まるのが標準的。未勝利～1600万下まで、テン3Fより上がり3Fが2秒以上掛かる、いわゆる「前傾ラップ」のレースラップが並んでいます。

　急流ゆえにスピードもある程度要求されますが、前が止まるので、

第3章　JRA28コース完全攻略　81

阪神ダ1400m

このコースはそのまま信頼できる！

②短距離底力「バタバタ」コース

| 東京1600m | 京都1400m | 阪神1400m | 中京1400m |

各コース同様の適性と決着傾向なので、脚質に関わらず好走を重視する。特に阪神1400・中京1400は信頼する。

底力があればキッチリ差して浮上できます。このため「4角で自分のタイミングで動いて、直線で真っ直ぐ追える」意義が大きくなるコースで、包まれにくい6〜8枠の好走率が高くなっています（ごちゃつく割合が下がる少頭数だと、5〜8枠の好走率が高くなります）。

②**短距離底力「バタバタ」コース**は、全て芝スタートで底力があれば差しが決まるので、シンプルにこのカテゴリーの実績だけを評価して他を度外視することで、思い切った攻めが可能となります。カテゴリー内の微調整としては、やはり急坂同距離の阪神・中京を特に重視しますが、東京では別カテゴリーの1400は無視して同カテゴリーの1600を重視するのがポイントになります。「距離適性」という言葉に惑わされないようにしましょう。

別カテゴリーで考慮するのは、短距離よりもむしろ中距離での実績。④**中距離スピード「スイスイ」コース**で先行して好走した実績は距離短縮に繋がりやすく、中距離での機動力が、短距離のなかでは最も底力を要することとちょうどリンクすることがあります。ここでも「距離適性」という言葉に惑わされず、大胆に狙い撃ちましょう。

このコースのココを見よう！

④中距離スピードスイスイコースでの好走

特に先行しての好走が距離短縮に繋がりやすく、人気薄でこそ伏兵候補としてマークしたい。

狙える馬・買えるパターンは？

Sample Race

2016/4/2　阪神11R　コーラルS（OP）

1着　⑭ノボバカラ（3番人気） ◎

3歳春から重賞2着など②短距離底力「バタバタ」コースは実績十分、前走同カテゴリーの中京1400で準OP圧勝と素質馬が軌道に乗って来た。しかも外枠。

（前走）

2着　⑪タイセイファントム（8番人気） ○

②短距離底力「バタバタ」コースでは5・3・2・5・6・5・6着と7戦連続で6着以内。この間に別カテゴリーの13・10・8着が挟まっているので必要以上に人気が落ちて狙い目十分、しかも外枠。

（2走前）

3着　⑬ブライトライン（4番人気） ○

②短距離底力「バタバタ」コースではGⅠで5着があり、その後も4・5・3着と安定上位。この間に別カテゴリーの10・8・7着が挟まっているので実績ほどに人気せず狙い目十分、しかも外枠。

（前走）

※馬名横の印は予想時の各馬に対する評価を「◎絶好の狙い目」「○狙い目」「△買える」「×狙い下げ」のイメージで付しています。

❻中距離底力コース
阪神ダ1800m

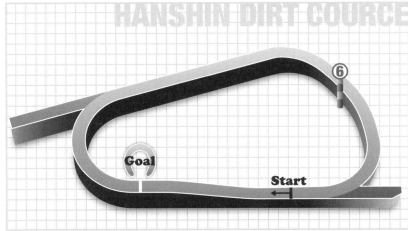

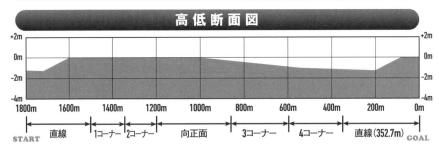

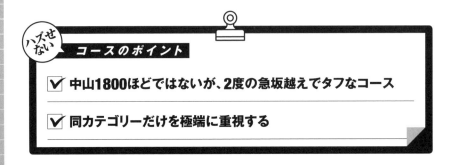

コースのポイント

- ✔ 中山1800ほどではないが、2度の急坂越えでタフなコース
- ✔ 同カテゴリーだけを極端に重視する

CHAPTER 3

クラス別平均分割ラップ

クラス	テン3F	中盤3F	上がり3F	勝ち馬平均
古馬OPEN	36.4	36.8	36.8	1.50.0
古馬1600万	37.2	37.0	37.4	1.51.5
古馬1000万	37.2	37.7	37.5	1.52.4
古馬500万	37.2	38.0	37.8	1.53.0
3歳500万	37.1	38.3	37.9	1.53.3
3歳未勝利	37.4	38.7	38.3	1.54.4
2歳未勝利	37.6	39.2	38.5	1.55.3

枠番別連対率

枠	12頭以下	13頭以上
1枠	12.3%	12.5%
2枠	28.1%	11.8%
3枠	17.5%	13.8%
4枠	15.8%	13.5%
5枠	19.2%	13.6%
6枠	12.0%	14.1%
7枠	23.0%	12.9%
8枠	20.9%	12.9%

クラス別連対脚質

良 クラス	逃げ	先行	中団	後方	マクリ
古馬OPEN	8.3%	50.0%	41.7%	—	—
古馬1600万	10.7%	46.4%	35.7%	3.6%	3.6%
古馬1000万	17.4%	44.9%	27.5%	7.2%	2.9%
古馬500万	14.5%	53.2%	22.6%	5.6%	4.0%
3歳500万	4.5%	54.5%	18.2%	13.6%	9.1%
3歳未勝利	18.4%	51.5%	27.0%	1.0%	2.0%
2歳未勝利	26.2%	59.5%	11.9%	—	2.4%

重・不良 クラス	逃げ	先行	中団	後方	マクリ
古馬OPEN	—	—	—	—	—
古馬1600万	8.3%	41.7%	33.3%	16.7%	—
古馬1000万	11.5%	38.5%	42.3%	3.8%	3.8%
古馬500万	16.7%	45.0%	31.7%	6.7%	—
3歳500万	16.7%	41.7%	25.0%	8.3%	8.3%
3歳未勝利	17.7%	54.0%	21.0%	3.2%	4.0%
2歳未勝利	15.4%	61.5%	11.5%	3.8%	7.7%

好走タイプがよくわかる
コース分析&攻略のコツ

　スタンド前の急な上り坂スタート、ラストも急な上り坂というタフなコース。これだけならば中山1800と同じように見えますが、ただ最大高低差は中山の4.5mに対して1.6mしかなく、しかもおにぎり型コースで後半は小出しに脚を使う展開になるので、基本は先行有利になります。

　同じ⑥中距離底力「グダグダ」コースの実績を重視するだけで、かなり分かりやすく妙味が追えるコース。同舞台実績はもちろん重要です

阪神ダ1800m

このコースはそのまま信頼できる！

6 中距離底力「グダグダ」コース

| 中山1800m | 阪神1800m | 中京1800m | 中京1900m |

同カテゴリーを極端に重視する。なかでも最もタフな中山1800での実績を信用、先行して好走していれば特に信頼する。

　が、それよりも中山1800で先行しての好走があれば、特に信頼できます。関西圏のレースで関東馬は人気を落としがちなので、中山実績がある関東馬をしっかり評価するだけで思わぬ配当にありつけることも。別カテゴリーでの敗戦は度外視して、大胆に狙いましょう。時期的には直前に京都開催が行われているので、同じ距離でもカテゴリーが違う京都1800での序列を重視し過ぎず、同カテゴリーの適性重視の印を打つのがセオリーとなります。

　基本的にはほぼ度外視の別カテゴリーですが、強いて言えば**4 中距離スピード「スイスイ」コース**・**5 中距離総合力「じわじわ」コース**で後方から上位の上がりを使っている場合は、主に穴馬を探す目線で拾うのは有効です。

CHAPTER 3

このコースのココを見よう!

④ 中距離スピードスイスイコースでの上がり上位

⑤ 中距離総合力じわじわコースでの上がり上位

あまり信用できないが、上位の上がりを使っているのに人気がなければ、穴馬要員としてマークする。

狙える馬・買えるパターンは？

Sample Race

2016/12/10　阪神8R 3歳上1000万下

1着　①メイスンウォー（9番人気）　◎

過去1年の同カテゴリーでは同級戦5・5・5着と全て掲示板、別カテゴリーの7・14・6・4・11着で人気を大きく落としていたが、他に同カテゴリー巧者が少なく相対的に十分狙える。

（2走前）

3着　⑫マインシャッツ（2番人気）　○

同舞台で未勝利・500万下勝ち、1000万下でも同カテゴリーで5着があり、それなりに上位。人気程度には買える存在。

（前走）

※馬名横の印は予想時の各馬に対する評価で、「◎絶好の狙い目」「○狙い目」「△買える」「×狙い下げ」のイメージで付しています。

第3章　JRA28コース完全攻略　87

❼ 中距離瞬発力コース
阪神ダ2000m

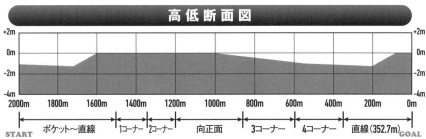

コースのポイント

☑ 阪神1800より距離が延びても上がりは速くなる

☑ 芝馬を初ダートで狙うならば、ここが最適のコース

クラス別平均分割ラップ

クラス	テン3F	中盤4F	上がり3F	勝ち馬平均
古馬OPEN	36.0	51.2	36.6	2.03.8
古馬1000万	35.2	52.3	37.4	2.04.9
古馬500万	35.9	52.2	38.0	2.06.1
3歳未勝利	35.8	53.4	38.1	2.07.3

枠番別連対率

枠	12頭以下	13頭以上
1 枠	15.4%	7.3%
2 枠	30.8%	13.6%
3 枠	0.0%	16.7%
4 枠	15.4%	11.5%
5 枠	31.3%	13.5%
6 枠	20.0%	9.6%
7 枠	17.4%	23.5%
8 枠	20.0%	10.0%

クラス別連対脚質

良 / クラス	逃げ	先行	中団	後方	マクリ
古馬OPEN	6.3%	75.0%	18.8%	―	―
古馬1000万	15.0%	60.0%	15.0%	5.0%	5.0%
古馬500万	10.0%	53.3%	30.0%	6.7%	―
3歳未勝利	16.7%	50.0%	33.3%	―	―

重・不良 / クラス	逃げ	先行	中団	後方	マクリ
古馬OPEN	―	50.0%	50.0%	―	―
古馬1000万	―	75.0%	25.0%	―	―
古馬500万	16.7%	66.7%	―	―	16.7%
3歳未勝利	12.5%	62.5%	25.0%	―	―

好走タイプがよくわかる コース分析&攻略のコツ

　阪神1800より1ハロン延びてスタミナが必要と思われがちですが、阪神1800よりレース上がりが速くなっていることでも分かるように、むしろ脚を溜めての瞬発力が要求される特殊なコースになっています。これは引き込み線の芝スタートでテンが速くなり、そのぶん1コーナーでガクッとペースが落ちて、テクニカルなおにぎり型のコースでペースが上がらないまま進んでラストだけ速くなるという"中弛みラップ"が刻まれるから。阪神1800とはテンの直線が200m延

阪神ダ2000m

このコースはそのまま信頼できる！

7 中距離瞬発力 コース

| 東京2100m | 京都1900m | 阪神2000m |

阪神2000・東京2100を特に重視。京都1900では、先行馬よりも差し馬の方の評価を上げる。

びるだけのことですが、これによってテンの直線が約300m→500mと1.5倍以上になるので、このような劇的なラップの変化が起こるのです。

　特殊なラップで他のカテゴリーでは全く問われない質の脚の使い方が問われるので、同カテゴリーの実績を重視することで、妙味を追えるコースです。同コースはもちろんですが、坂のある直線で速い上がりを使うのがポイントなので、特に東京2100でのパフォーマンスを評価することで、穴馬を発掘できる場合があります。別カテゴリーでは、6 中距離底力「グダグダ」コースの上がりだけを評価。特に馬柱に「S（スロー）」があるレースで上位の上がりを使っている、或いは後方からよく追い込んでいると判断できれば買いやすくなります。

　そして極めて特殊ですが、芝で勝ち上がってきた馬がダートで通用するならばこの舞台、というコースでもあります。芝スタートであることに加えて、"中弛みラップ"で上がりが速くなるのが芝レースでの脚の使い方と似ているので、通常はハードルが高い「上級条件での初ダート」でさえもこなしてしまう可能性が最も高いコースと言っていいでしょう。

CHAPTER 3

このコースのココを見よう！

⑥中距離底力グダグダコースの上がり

芝コースの好成績

阪神1800を筆頭に、急坂1800で上位の上がりを使っている馬は狙える。特にスローペースのレースで後方からよく差すも届かず、というパターンが穴馬要員としては有力。また、芝実績がある馬は阪神1800より2000で着順が上がる傾向があり、今回初ダートの馬も芝で同級実績あれば要マーク。

狙える馬・買えるパターンは？

Sample Race

2016/12/25 阪神10R 赤穂特別（1000万下）

2着 ⑥シャイニービーム（8番人気） ◯

500万下2勝は共に⑦中距離瞬発力「ぐいぐい」コース、1000万下でも4・6・7着ともう一歩。別カテゴリーの15・7着で必要以上に人気を落としており、特に前々走・東京2100での同級0.5差からは人気薄ならば狙いは立つ。

(2走前)

3着 ④クリノリトミシュル（1番人気） ◯

前走は同カテゴリーの同級戦で2着、⑥中距離底力「グダグダ」コースでは3戦してうち2回が上がりNo3以内なので、人気でも買っておくべき存在。

(前走)

※馬名横の印は予想時の各馬に対する評価を「◎絶好の狙い目」「◯狙い目」「△買える」「×狙い下げ」のイメージで付しています。

❶短距離スピードコース
中京ダ1200m

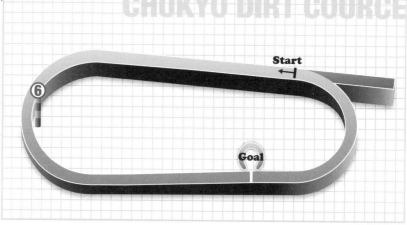

高低断面図

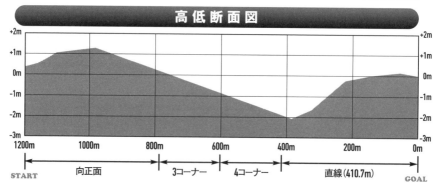

コースのポイント

- ✓ タフなコースで前傾ラップだが、コーナーきつく先行有利
- ✓ 1000万下は差しが一気に台頭、上級条件は注意

クラス別平均分割ラップ

クラス	テン3F	上がり3F	勝ち馬平均
古馬1000万	34.6	37.0	1.11.6
古馬500万	35.1	37.3	1.12.4
3歳未勝利	35.5	37.7	1.13.2
2歳未勝利	35.2	37.7	1.12.9

枠番別連対率

枠	12頭以下	13頭以上
1 枠	100%	11.4%
2 枠	0%	16.5%
3 枠	0%	8.8%
4 枠	100%	10.3%
5 枠	0%	13.9%
6 枠	0%	11.3%
7 枠	0%	14.0%
8 枠	0%	14.9%

クラス別連対脚質

良 クラス	逃げ	先行	中団	後方	マクリ
古馬1000万	8.3%	25.0%	41.7%	25.0%	―
古馬500万	20.2%	45.2%	28.8%	5.8%	―
3歳未勝利	30.3%	53.0%	15.2%	1.5%	―
2歳未勝利	21.4%	57.1%	21.4%	―	―

重・不良 クラス	逃げ	先行	中団	後方	マクリ
古馬1000万	9.1%	22.7%	54.5%	9.1%	4.5%
古馬500万	18.8%	39.6%	33.8%	7.1%	0.6%
3歳未勝利	27.3%	45.5%	20.0%	4.5%	2.7%
2歳未勝利	21.4%	35.7%	28.6%	7.1%	7.1%

好走タイプがよくわかる
コース分析&攻略のコツ

　テン（前半）は1m上った後で2m下り、上がり（後半）はそのまま更に1mほど下った後で2mの急な上りがある…という、起伏に富んだタフなコース。このためテンより上がりが2秒以上掛かる超前傾ラップになりますが、基本は逃げ・先行有利。下り坂のカーブの角度が大きいので、回り切って真っ直ぐ追い出すまでに後続は手間取り、急流でも結局前が残るのが定石となっています。但し現状は500万下以下の下級条件ばかりが行われており、僅かに行われている1000万

中京ダ1200m

このコースはそのまま信頼できる！

①短距離スピード コース

中山1200m	京都1200m	阪神1200m
中京1200m	札幌1000m	函館1000m
新潟1200m	福島1150m	小倉1000m

中山・阪神・中京1200はそのまま信頼、特に逃げ・先行での同級での好走は評価を上げる。それ以外も評価するが、急坂（中山・阪神・中京）で常に凡走していれば評価を大きく下げる。

　下では劇的に差し馬好走の度合いが上がっているので、仮に上級条件が増えた場合は差し有利のコースになりそう。その場合は、カテゴリー②短距離底力「バタバタ」コースにシフトする可能性もあります。
　基本はスピード重視で、①短距離スピード「ビュンビュン」コースで先行しての好走は高評価、なかでも特に中山・阪神・中京1200での好走は信頼度が高くなります。但し1000万下では差しが決まるので、同級の先行しての好走は信用しますが、500万下からの昇級戦で先行馬が人気ならば疑ってみましょう。別コースでの好走も評価できますが、急坂コースでの凡走が目立つタイプであれば狙い下げとなります。
　別カテゴリーでは、②短距離底力「バタバタ」コースの先行での好走は信頼でき、先行していれば少々負けていても巻き返しは狙えます。特に人気薄であれば、このパターンで積極的に拾いましょう。

CHAPTER 3

このコースのココを見よう！

②短距離底力 コースの先行

先行して上位に粘っていれば信頼できる。特に「H（ハイペース）」で先行していれば、1秒程度負けていても加点できる。

狙える馬・買えるパターンは？

Sample Race

2016/7/10　中京9R　尾頭橋特別（1000万下）

2着　④ショコラブラン（1番人気）

同カテゴリーの同級戦、特に坂のある中山・中京で3・2着の安定感。前走は同カテゴリーの1600万下でも2着しており、人気は妥当の実力馬。

```
2帳❸ 3・19恵那 100016ﾄ 2
壬ダ 1111 岩 田 57 CO
H34.8-36.3  ⑥ ⑤ ⑤ 内
プリンディス  470 4 ⅹ 1
                    (3走前)
```

3着　⑯メイショウワダイコ（6番人気）

同級の同カテゴリーで2・3・1着と安定の勝ち上がり。1600万下では7・13着だが、前々走は阪神1200で先行して0.6差ならば十分強く、降級で1000万下ならば信頼できるレベル。

```
1阪❼ 3・19なに 160012ﾄ 7
壬ダ 1107 酒井学 57
M34.6-36.1  ② ② ② 中
ウィッシュハ 0.6 532 6 ⅹ 8
                    (2走前)
```

※馬名横の印は予想時の各馬に対する評価を「◎絶好の狙い目」「○狙い目」「△買える」「×狙い下げ」のイメージで付しています。

第3章　JRA28コース完全攻略　95

❷ 短距離底力コース
中京ダ1400m
バタバタ

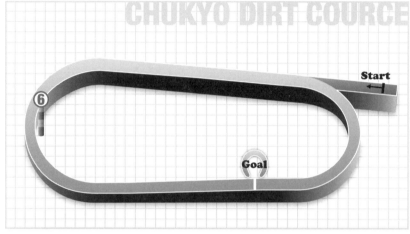

高低断面図

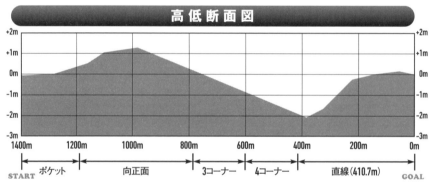

コースのポイント

☑ 前傾激流で、ダートでは最も差しが決まる水準

☑ 芝スタートでは珍しく、明確に外枠が不利

クラス別平均分割ラップ

クラス	テン3F	中盤1F	上がり3F	勝ち馬平均
古馬1600万	34.4	11.9	37.4	1.23.6
古馬1000万	34.6	12.0	37.4	1.23.9
古馬500万	35.0	12.3	37.9	1.25.1
3歳未勝利	35.0	12.4	38.6	1.26.0
2歳未勝利	35.5	12.6	38.7	1.26.8

枠番別連対率

枠	12頭以下	13頭以上
1枠	33.3%	12.1%
2枠	0%	13.5%
3枠	16.7%	16.5%
4枠	0%	13.2%
5枠	11.1%	12.3%
6枠	41.7%	11.4%
7枠	8.3%	11.0%
8枠	16.7%	11.4%

クラス別連対脚質

良 クラス	逃げ	先行	中団	後方	マクリ
古馬1600万	7.1%	35.7%	28.6%	28.6%	—
古馬1000万	15.4%	38.5%	42.3%	3.8%	—
古馬500万	14.4%	33.7%	38.5%	13.5%	—
3歳未勝利	20.5%	38.6%	36.4%	4.5%	—
2歳未勝利	25.0%	43.8%	31.3%	—	—

重・不良 クラス	逃げ	先行	中団	後方	マクリ
古馬1600万	50.0%	—	—	50.0%	—
古馬1000万	—	16.7%	83.3%	—	—
古馬500万	7.1%	31.0%	50.0%	11.9%	—
3歳未勝利	28.1%	59.4%	12.5%	—	—
2歳未勝利	—	—	—	—	—

好走タイプがよくわかる
コース分析&攻略のコツ

　中京1200で述べた起伏に富むコースに、テンの芝の引き込み線からの長い直線が加わるので、当然ながらさらに前傾激流となります。これに急な上り坂がある長い直線と、差し優位の条件が重なり、ダートのコースでは最も差しが決まりやすい水準と言っていいでしょう。但し、コーナーがきつく、坂を下りながらカーブを曲がるので、差し馬は直線で真っ直ぐ追われるまでにどんどん外に膨らんでしまう場合があり、そうなるとすんなり内の先行馬が押し切ってしまうことも。

中京ダ1400m

このコースはそのまま信頼できる！

②短距離底力 バタバタ コース

| 東京1600m | 京都1400m | 阪神1400m | 中京1400m |

同カテゴリーでの実績を圧倒的に信頼、なかでも中京1400・東京1600を重視。阪神1400も重要で、特に差しでの好走は高評価。

　展開を決め打つのは難しいですが、トータルで「外枠が不利」であるのは覚えておきましょう。芝スタートの短距離戦は、通常「芝部分を長く走れる＋ハイペースになりやすいので直線スムーズに追われやすい」という有利から外枠有利になりやすいので、ここまで数字として外枠が不利と出るのはかなり珍しいコースです。

　同じ②短距離底力「バタバタ」コースがずば抜けて重要で、同コースはもちろんですが、特に東京1600とリンクしやすくなっています。左回り・芝スタート・テンにも上がりにも長い直線という要素に加えて要求される底力の資質が似かよっているので、好走馬はかなり重なりますが、コーナーの関係で東京1600は外枠有利・中京1400は外枠不利ということだけが明確に真逆となります。また阪神1400も同じく急坂で重視、特に差し・追い込みでの好走を信頼します。

　他のカテゴリーは無視に近くて良いコースですが、強いて言えば①短距離スピード「ビュンビュン」コースの上がり（特に中山・阪神・中京1200）の速さが、一応評価できるポイントとして挙げられます。

CHAPTER 3

このコースのココを見よう!

1 短距離スピード コースでの上がり

別カテゴリーはあまりリンクしないが、強いて言えば短い距離での上がりだけを評価、特にラスト急坂があるコース（中山・阪神・中京1200）を重視する。

狙える馬・買えるパターンは?

Sample Race

2016/12/18　中京11R　三河S（1600万下）

1着　⑥ブルミラコロ（1番人気）

前走は同カテゴリーの1000万下を勝ち上がったが、昇級戦で半信半疑…と思いきや、4走前に同カテゴリーの1600万下でも2着があり、既に裏付け十分。人気でも素直に信頼。

（4走前）

3着　④メイショウアイアン（10番人気）

同級同カテゴリーで9・6・6・4・6・10・8・8・8・7着と常に中位までには来ており、前走は7着とはいえ阪神1400を最速上がりで0.4差と差は僅か。今回有利な内枠＋初のハンデ54キロで別定の前走から3キロ減と、この差を埋める材料は十分ある。

（前走）

※馬名横の印は予想時の各馬に対する評価を「◎絶好の狙い目」「○狙い目」「△買える」「×狙い下げ」のイメージで付しています。

第3章 JRA28コース完全攻略　99

❻中距離底力コース
中京ダ1800m

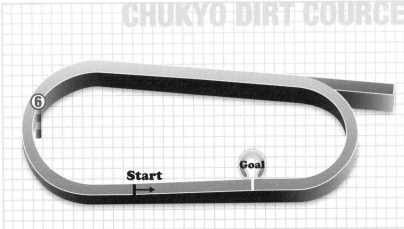

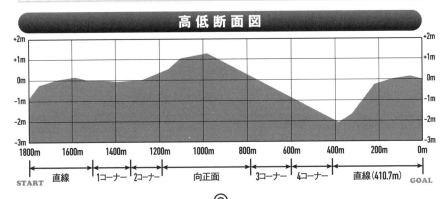

コースのポイント

☑ 阪神1800と似たラップで京都1800に似た決着、底力要するが先行有利

☑ 同カテゴリーでの、先行しての好走を圧倒的に信頼

CHAPTER 3

クラス別平均分割ラップ

クラス	テン3F	中盤3F	上がり3F	勝ち馬平均
古馬OPEN	36.6	36.7	37.4	1.50.7
古馬1000万	37.0	37.2	37.8	1.52.1
古馬500万	37.7	38.4	38.1	1.54.2
3歳未勝利	37.8	39.0	38.7	1.55.4
2歳未勝利	37.8	39.3	39.3	1.56.4

枠番別連対率

枠	12頭以下	13頭以上
1 枠	12.1%	11.2%
2 枠	15.6%	16.4%
3 枠	21.2%	11.4%
4 枠	9.1%	14.5%
5 枠	20.8%	14.1%
6 枠	20.4%	12.6%
7 枠	27.9%	10.7%
8 枠	14.1%	13.7%

クラス別連対脚質

良 クラス	逃げ	先行	中団	後方	マクリ
古馬OPEN	20.0%	45.0%	25.0%	10.0%	―
古馬1000万	21.4%	42.9%	28.6%	7.1%	―
古馬500万	20.7%	48.8%	22.0%	7.3%	1.2%
3歳未勝利	19.1%	46.4%	31.8%	1.8%	0.9%
2歳未勝利	11.1%	44.4%	38.9%	5.6%	―

重・不良 クラス	逃げ	先行	中団	後方	マクリ
古馬OPEN	―	―	―	―	―
古馬1000万	12.5%	50.0%	37.5%	―	―
古馬500万	26.6%	42.2%	26.6%	3.1%	1.6%
3歳未勝利	26.9%	38.5%	21.2%	7.7%	5.8%
2歳未勝利	16.7%	50.0%	16.7%	―	16.7%

東京 / 中山 / 京都 / 阪神 / **中京** / 札幌 / 函館 / 新潟 / 福島 / 小倉

好走タイプがよくわかる
コース分析&攻略のコツ

　テンと上がりで二度の坂越えがあるタフなコース。同様の起伏がある阪神1800とラップ的にも似ていますが、向こう正面から4コーナーにかけての下り坂できついコーナーを長く回るので、ここで後続が動き出しづらいぶん、阪神と比べてもかなり先行有利となっています。適性的には中山・阪神1800と似通っていますが、決着としては明確に先行有利なので脚質にも注意が必要。つまり自在型の馬ならば同カテゴリー⑥中距離底力「グダグダ」コースでの成績を素直に信頼す

第3章　JRA28コース完全攻略　101

中京ダ1800m

　れればいいのですが、位置取りに制約があれば逃げ・先行できるタイプは評価を上げ、差し・追い込みにこだわるタイプは下げるということになります。

　『ダ界地図』でも、⑥中距離底力「グダグダ」コースのなかでは最も⑤中距離総合力「じわじわ」コース寄りに記載しているように、起伏に富んで底力を要する割にコース形態のせいで先行有利なので、決着の傾向は京都1800と近くなっています。このため⑤中距離総合力「じわじわ」コースの好走でも少し加点できますが、テンの上り坂の負荷が大きいので、やはり信頼できるのは⑥中距離底力「グダグダ」コースでの先行しての好走。特に中山1800・阪神1800の順で、先行しての好走は信頼できます。

CHAPTER 3

このコースのココを見よう！

⑤ 中距離総合力じわじわコースでの好走

起伏の違いから適性的にあまり信用できないが、位置取りやレースぶりからはリンクする可能性がある。あくまでも、ヒモ・穴馬候補としての加点。

狙える馬・買えるパターンは？

Sample Race

2016/7/17　中京11R　ジュライS（OP）

2着　⑩ブライトアイディア（6番人気）　◯

準OPでは別カテゴリーで5・4着の後、⑥中距離底力「グダグダ」コースで2・1着の勝ち上がり、特に価値のある阪神・中山での先行での好走だった。前走は⑦中距離瞬発力「ぐいぐい」コースの重賞で15着惨敗だったが、これは度外視して適性から要マーク。

（2走前）

3着　②サンマルデューク（3番人気）　△

同カテゴリーのOPで1・1・3・11・10着。ムラが大きく見えるが二桁着順の2走は共に重賞で、ここでは一応マークは必要。

（5走前）

※馬名横の印は予想時の各馬に対する評価を「◎絶好の狙い目」「◯狙い目」「△買える」「×狙い下げ」のイメージで付しています。

⑥ 中距離底力コース
中京ダ1900m

高低断面図

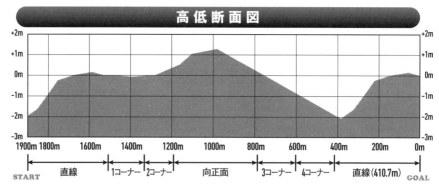

コースのポイント

- ✓ やや中弛みだが、上がりも掛かって本質は底力勝負
- ✓ 特徴的な性質なので、同コース巧者は無条件に"買い"

クラス別平均分割ラップ

クラス	テン2.5F	中盤4F	上がり3F	勝ち馬平均
古馬500万	30.5	52.2	38.1	2.00.8
3歳未勝利	30.7	52.4	39.2	2.02.4

枠番別連対率

枠	12頭以下	13頭以上
1 枠	0%	12.5%
2 枠	11.1%	19.4%
3 枠	0%	13.3%
4 枠	11.1%	8.5%
5 枠	26.7%	16.7%
6 枠	23.5%	10.4%
7 枠	29.4%	8.3%
8 枠	17.6%	20.8%

クラス別連対脚質

良 クラス	逃げ	先行	中団	後方	マクリ
古馬500万	16.0%	52.0%	18.0%	10.0%	4.0%
3歳未勝利	—	58.3%	41.7%	—	—

重・不良 クラス	逃げ	先行	中団	後方	マクリ
古馬500万	25.0%	50.0%	20.0%	5.0%	—
3歳未勝利	—	—	—	—	—

東京
中山
京都
阪神
中京
札幌
函館
新潟
福島
小倉

好走タイプがよくわかる
コース分析&攻略のコツ

　中京1800よりスタート後の直線が100m延びるだけのレイアウトで、京都1800から100m延びた京都1900と同様に中盤でペースが落ちるラップが刻まれます。しかし長い直線に急坂があるのを意識する騎手の心理面もあるのかテンもさほどペースが上がらず、しかも上がりも伸びないコース。明確な"中弛み"というよりは平均的に脚を使って上がりが掛かることになり、結果的に『⑦中距離瞬発力「ぐいぐい」コース寄りの、⑥中距離底力「グダグダ」コース』となっていま

第3章　JRA28コース完全攻略　105

中京ダ1900m

このコースはそのまま信頼できる！

6 中距離底力 コース

| 中山1800m | 阪神1800m | 中京1800m | 中京1900m |

同カテゴリーでの実績を重視、レース数は少ないが同コース巧者は無条件に"買い"。中山・阪神1800での先行しての好走は信頼、少々負けていても巻き返しが狙える。

す。

　基本的には中京1800と似た資質が問われて、決着の傾向も似ているコース。当然⑥中距離底力「グダグダ」コース重視で、なかでも中山・阪神1800での先行しての好走の信頼度がかなり高くなります。そして前述の通り、中盤僅かに緩む傾向も併せ持っているので、⑦中距離瞬発力「ぐいぐい」コースでの好走があると、加点材料にはなります。⑥中距離底力「グダグダ」コース・⑦中距離瞬発力「ぐいぐい」コースの各コースと緩やかにリンクするので、レース数は少ないですが結局この中京1900そのもので好走しているという実績が重要で、同コース巧者は昇級でも好走する傾向があります。

　同コース信頼で、別カテゴリーの好走でも加点となると、比較的人気通りの評価になりやすいので、最初に挙げた中山・阪神1800の評価がポイント。「先行してやや負けた馬の巻き返し」というのが、妙味を追う上では重要になります。

このコースのココを見よう！

⑦中距離瞬発力 コースでの好走

信頼はできないが、同級での好走は素直に加点する。

狙える馬・買えるパターンは？

Sample Race

2016/12/3 中京5R 3歳上500万下

2着 ②マイネルトゥラン（5番人気）

同カテゴリーでは同級4・4・6着止まりだが、4着2回が共に中山1800での先行流れ込みなので、この舞台では前進が期待できる。

※馬名横の印は予想時の各馬に対する評価を「◎絶好の狙い目」「○狙い目」「△買える」「×狙い下げ」のイメージで付しています。

❶短距離スピードコース

札幌ダ1000m

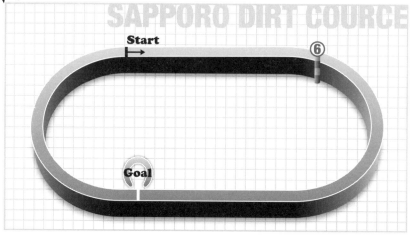

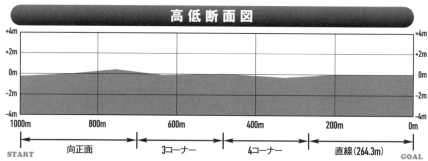

コースのポイント

- ✓ 1000m戦のなかでは最も差しが届くが、それでも圧倒的先行有利

- ✓ 前残りをベースに、割り切って妙味を狙うべし

クラス別平均分割ラップ

クラス	テン2F	テン3F(参考)	上がり3F	勝ち馬平均
古馬500万	23.2	34.7	35.8	59.0
3歳未勝利	23.5	35.1	36.1	59.6
2歳未勝利	23.6	35.3	36.0	59.5

枠番別連対率

枠	12頭以下	13頭以上
1枠	15.8%	―
2枠	12.5%	―
3枠	16.1%	―
4枠	14.0%	―
5枠	20.2%	―
6枠	16.8%	―
7枠	15.9%	―
8枠	19.3%	―

クラス別連対脚質

良 クラス	逃げ	先行	中団	後方	マクリ
古馬500万	19.0%	54.8%	21.4%	4.8%	―
3歳未勝利	26.9%	53.8%	17.3%	1.9%	―
2歳未勝利	35.7%	50.0%	14.3%	―	―

重・不良 クラス	逃げ	先行	中団	後方	マクリ
古馬500万	50.0%	50.0%	―	―	―
3歳未勝利	25.0%	50.0%	25.0%	―	―
2歳未勝利	―	―	―	―	―

東京　中山　京都　阪神　中京　札幌　函館　新潟　福島　小倉

好走タイプがよくわかる
コース分析&攻略のコツ

　札幌は「小回り」と評されがちですが、実はコーナーの半径は大回り。このコースは「向こう正面の直線300m＋コーナー400m強＋ラストの直線300m弱」という内訳なので、勝負どころでずっとカーブを回っているイメージです。このため内を通る利が大きく、基本はやはり内の逃げ・先行馬の押し切りですが、しかしコーナーが大きいぶんコーナーで加速してもロスが小さいので、徐々に加速して直線で一気にトップスピードに乗る差し馬の台頭も可能となっています。函館や小倉よりテンのラップ

第3章　JRA28コース完全攻略　109

札幌ダ1000m

このコースはそのまま信頼できる！

① 短距離スピード ビュンビュン コース

中山1200m	京都1200m	阪神1200m
中京1200m	札幌1000m	函館1000m
新潟1200m	福島1150m	小倉1000m

特に1000m戦で逃げ・先行できるスピードを評価。福島1150・新潟1200での先行しての好走も加点する。中山・阪神1200で先行して失速した馬や、函館・小倉1000で差して届かない馬が前進するパターンもマークする。

が速くならないのに、1000m戦のなかでは最も差しが決まる（と言っても全クラスで連対馬の2割前後ですが）ので、7月の函館で届かない馬が8月の札幌では間に合う、というのは一つのパターンになっています。

「スピード重視の前残り決着」という王道の決着と、「1000m戦では最も差しが決まる」という"裏の顔"の狙い分けは難しいですが、そこはオッズと相談してギャンブルとして割り切りましょう。参考とするのはもちろん、①短距離スピード「ビュンビュン」コースのみ。そのなかで、函館1000・小倉1000という特にテン速いコースでも逃げられるスピードや、福島1150・新潟1200という似た性質のコースで先行して好走できる能力を評価するのが、本筋の狙い。それに加えて、テン速い中山・阪神1200で先行して失速した馬の巻き返しや、函館1000・小倉1000で差して届かずだった馬が前進する、というオプションを組み合わせる形で臨みましょう。

なお1000m戦のなかでは外枠が馬券に絡む率が最も高くなっていますが、前述の通り終始外を運べばロスが多いコースなので、人気の先行馬が外枠を引けばやはり割引です。むしろ人気薄が思い切って逃げたら内がゴチャついて恵まれたり、逆に本来は1200でないと忙しい馬が割り切って外差しに構えてハマるなど、外枠は伏兵に限って狙う方が効率がいいコースです。

このコースのココを見よう！

パーツに注目

特になし

①短距離スピード「ビュンビュン」コースの実績が全くないのに人気している馬がいれば、狙い下げて妙味を追う。

狙える馬・買えるパターンは？

Sample Race

2016/8/7　札幌2R　3歳未勝利

1着　③ロイヤルフレア（6番人気） ◎

新潟1200で超ハイペースの2番手から2着、函館1000でも2番手から3着と、スピードはここでも上位。内枠からロスなく先行できれば流れ込み有望。

```
1新②5・1 未勝利15ト2
壬ダ1130 伊藤エ54
H33.5-39.5　②②②内
カレンコマンヒ 418 11★14☆
　　　　　　　　　　　　（2走前）
```

2着　①ショウサングランド（2番人気） ○

前々走までは差しタイプだったが、前走は初の1000m戦で先行して3着と、脚質も自在の格上馬。先行でも差しでも崩れない。

```
2函⑤7・23 未勝利12ト3
千ダ 599 浜 中56 ◎
M23.5-36.4　②③③舉
アメリカント1.1474 8★2☆
　　　　　　　　　　　　（前走）
```

3着　⑤グランジュテ（4番人気） △

①短距離スピード「ビュンビュン」コースで7戦すべて先行、うち3回で馬券圏内。好位からすんなり流れ込めそう。

```
2函②7・10 未勝利12ト3
千ダ1002 城 戸52 ◎
M23.6-36.6　③②②内
トルシュロー1.3436 7★5☆
　　　　　　　　　　　　（前走）
```

※馬名横の印は予想時の各馬に対する評価を「◎絶好の狙い目」「○狙い目」「△買える」「×狙い下げ」のイメージで付しています。

⑤中距離総合力コース
じわじわ…札幌ダ1700m

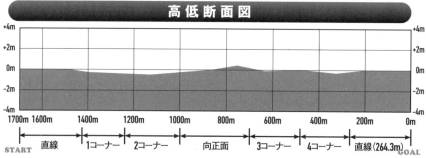

コースのポイント

- ✓ 函館1700と似ているが、大回りで適性的にはかなり「後半型」にシフト
- ✓ 函館・福島で差し届かず、中山・阪神で先行粘り込みのタイプを狙う

クラス別平均分割ラップ

クラス	テン2.5F	中盤3F	上がり3F	勝ち馬平均
古馬1000万	30.0	37.6	37.4	1.45.0
古馬500万	30.1	37.8	37.9	1.45.8
3歳未勝利	30.4	38.2	38.4	1.47.1
2歳未勝利	30.4	38.8	38.3	1.47.2
2歳新馬	31.1	39.4	38.5	1.48.9

枠番別連対率

枠	12頭以下	13頭以上
1 枠	12.5%	12.0%
2 枠	20.8%	15.3%
3 枠	8.3%	20.3%
4 枠	12.5%	16.5%
5 枠	29.4%	15.3%
6 枠	23.1%	13.6%
7 枠	21.4%	17.0%
8 枠	15.2%	14.0%

クラス別連対脚質

良 クラス	逃げ	先行	中団	後方	マクリ
古馬1000万	25.0%	50.0%	12.5%	7.5%	5.0%
古馬500万	16.0%	48.9%	24.5%	1.1%	9.6%
3歳未勝利	13.2%	62.3%	19.3%	1.8%	3.5%
2歳未勝利	35.7%	50.0%	7.1%	—	7.1%

重・不良 クラス	逃げ	先行	中団	後方	マクリ
古馬1000万	—	50.0%	50.0%	—	—
古馬500万	—	75.0%	12.5%	12.5%	—
3歳未勝利	12.5%	56.3%	25.0%	—	6.3%
2歳未勝利	25.0%	75.0%	—	—	—

好走タイプがよくわかる
コース分析&攻略のコツ

　道中は函館1700と似たラップが刻まれますが、上がりだけは全クラスで速くなっています。差は僅かですが、ラスト下り坂の函館よりも平坦の札幌の方が速いのは、意外と適性の差が大きいことを物語っています。原因としては、函館の方が直線が短いので仕掛けが速くなる鞍上の心理面・戦略面に加えて、札幌の方がコーナーが大回りなのでスムーズに加速できて後半が速くなる、というコースの特性の要素が大きいと言えるでしょう。つまり、函館の方が実質かなり前傾ラッ

札幌ダ1700m

プになるのでスピードが重要で、対して札幌はある程度のスピードと同時に後半の持続力も要求される総合力勝負の舞台になる、という違いがあるのです。

このため、5中距離総合力「じわじわ」コースの実績が重要ですが、直前の時期に行われている函館や福島の1700（4中距離スピード「スイスイ」コース）で後方から上位の上がりを使うが届かなかった馬の前進を狙うのが一つの定石です。そして6中距離底力「グダグダ」コースで先行して好走した馬が、底力で流れ込むのも王道のパターン。このタイプの場合は、直前の福島や函館では忙し過ぎて大敗していても巻き返しが狙えるので、思わぬ穴馬券にありつけることもあります。

CHAPTER 3

このコースのココを見よう！

④ 中距離スピード コースの上がり

⑥ 中距離底力 コースの先行

直前の函館や福島1700で、後方から届かずの馬の前進を狙うのは定石。中山・阪神・中京1800で先行しての好走があれば特に信頼、少々負けていても巻き返しは可能。

狙える馬・買えるパターンは？

Sample Race

2016/8/14　札幌12R　大雪H（1000万下）

1着 ⑧ピグマリオン（3番人気）

同カテゴリーの京都1800で同級2着があり、⑥中距離底力「グダグダ」コースの中山1800で5・2着（特に前者は信頼度の高い先行）もあり、更に前々走は④中距離スピード「スイスイ」コースの函館1700で追い込んでNo2上がりで3着。あらゆる根拠でここは絶好の狙い目。

(2走前)

2着 ②ベルフィオーレ（5番人気）

3走前に⑤中距離総合力「じわじわ」コースの京都1800で5着がありもうひと押しだが、ハイレベルになりやすい京都で0.3秒差ならばそのひと押しの根拠にはなりそう。

(3走前)

※馬名横の印は予想時の各馬に対する評価を「◎絶好の狙い目」「○狙い目」「△買える」「×狙い下げ」のイメージで付しています。

第3章　JRA28コース完全攻略　115

❶ 短距離スピードコース
函館ダ1000m

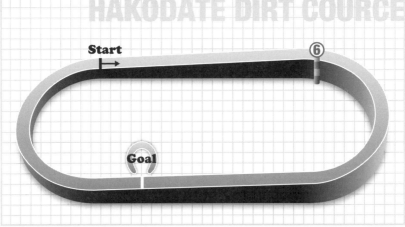

高低断面図

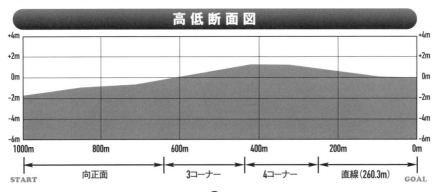

コースのポイント

- ✓ テンは上り坂だが、札幌よりテン速く絶対的なスピード勝負

- ✓ 前傾激流でも前が止まらず、連対馬のほとんどが逃げ・先行

CHAPTER 3

クラス別平均分割ラップ

クラス	テン2F	テン3F（参考）	上がり3F	勝ち馬平均
古馬1000万	22.8	34.4	35.4	0.58.2
古馬500万	22.9	34.5	36.1	0.59.0
3歳未勝利	23.2	34.9	36.4	0.59.5
2歳新馬	24.1	36.2	37.0	1.01.1

枠番別連対率

枠	12頭以下	13頭以上
1 枠	20.8%	－
2 枠	21.5%	－
3 枠	16.5%	－
4 枠	16.5%	－
5 枠	22.0%	－
6 枠	16.2%	－
7 枠	14.4%	－
8 枠	14.2%	－

クラス別連対脚質

良 クラス	逃げ	先行	中団	後方	マクリ
古馬1000万	50.0%	40.0%	10.0%	－	－
古馬500万	24.2%	56.5%	14.5%	4.8%	－
3歳未勝利	28.8%	60.6%	10.6%	－	－
2歳新馬	21.4%	64.3%	14.3%	－	－

重・不良 クラス	逃げ	先行	中団	後方	マクリ
古馬1000万	－	－	－	－	－
古馬500万	18.2%	68.2%	4.5%	9.1%	－
3歳未勝利	30.0%	50.0%	20.0%	－	－
2歳新馬	50.0%	50.0%	－	－	－

東京　中山　京都　阪神　中京　札幌　函館　新潟　福島　小倉

好走タイプがよくわかる
コース分析&攻略のコツ

　テンが上り坂なので普通はそこまで速くならない設定なのですが、ラストの直線が短くとにかく「行ったもん勝ち」の舞台ということもあり、先手争いが厳しくなって超ハイペースになります。テン平坦の札幌と比べても、テン上り坂の函館の方が前半速くなるのは、重要な特徴なので覚えておきましょう。

　そして言うまでもなく、超ハイペースでも前有利のスピード決着。
①短距離スピード「ビュンビュン」コースでのテンの速さが重要で、基本

函館ダ1000m

このコースはそのまま信頼できる！

①短距離スピードビンビンコース

中山1200m	京都1200m	阪神1200m
中京1200m	札幌1000m	函館1000m
新潟1200m	福島1150m	小倉1000m

特に1000m戦で逃げ・先行できるスピードを評価、テンのタイムを詳細に比較して、とにかく逃げられる馬を重視。また内枠ほど有利なので、1・2枠は評価を上げる、7・8枠は下げて思い切って狙う。

的には1000m戦で逃げ・先行ができるスピードが必須となります。同カテゴリーでのテンの速さは評価しますが、芝スタートのコース（福島1150・新潟1200・中山1200）はやや適性が違う場合があるので、やはり砂スタートの方が信頼度は高まります。このカテゴリーはほとんどが「H（ハイペース）」表記なのでスピードの比較は難しいですが、逃げ・先行で好走したレースのタイム比較はシンプルに有効です。そして最近の競馬新聞には馬柱に「テン3F（或いは2F）」のタイムが載っているので、それを単純に比較して劣っている馬は先行できない可能性があるとして狙い下げます。

　152～153ページで後述しますが、そのコースの平均ラップと比較して「真の先行力」を細かく比較することも可能です。同程度の先行力ならば枠順は内の方が有利で、ダートでは珍しい「1・2枠の連対率が高い」コースなのは意識しましょう。少々無理をしても行き切った方が有利なので、どれが前に行けるかをしっかり考えてください。

CHAPTER 3

このコースのココを見よう！

特になし

①短距離スピード「ビュンビュン」コースの実績が全くないのに人気している馬がいれば、狙い下げて妙味を追う。

狙える馬・買えるパターンは？

Sample Race

2016/7/10 函館2R 3歳未勝利

1着 ⑧トルシュローズ（2番人気）

前走同舞台でテン2F23.3で逃げて0.3差の4着。先行力は抜けて最上位なので、この馬をシンプルにアタマに決め打って勝負ができる。

```
1函❽6・18 未勝利 12ト 4
千ダ  591  武 豊 54 ◎
M23.3-35.8  ①②①  内
チェイスダウ0.3 448 4 ? 1 気
函W 45 55.3 41.6 13.7 →◯
                    (前走)
```

5着 ④フジワンエンジェル（1番人気）

前走は同舞台で0.2差2着だったが、テン2F23.7で好位から流れ込んだもの。ここは先行力で2番人気馬に劣るので、展開のリスクがある。実際これが中団から5着までに終わり、先行馬が2・3着に流れ込んで3連単は300倍を超える配当に。

```
1函④6・26 未勝利 12ト 2
千ダ  588  横山和 54 △
M23.7-35.1  ⑤⑤⑤  内
パルパルパン0.2 444 5 ? 7 人
函W 56 65.7 39.0 13.3 →◯
                    (前走)
```

※馬名横の印は予想時の各馬に対する評価を「◎絶好の狙い目」「◯狙い目」「△買える」「×狙い下げ」のイメージで付しています。

❹中距離スピードコース
函館ダ1700m

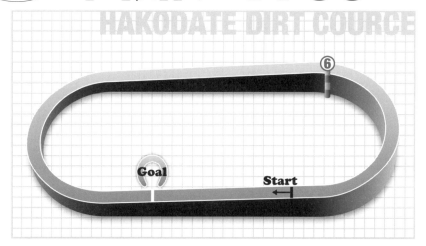

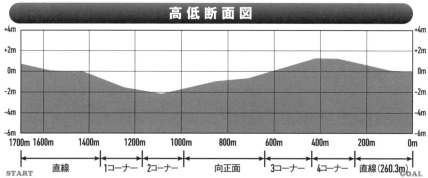

コースのポイント

- ✓ 上がり止まるが前有利、「逃げ+先行」が連対馬の7割を占める
- ✓ スピードが重要なので、他カテゴリーでの先行好走も買い要素に

クラス別平均分割ラップ

クラス	テン2.5F	中盤3F	上がり3F	勝ち馬平均
古馬OPEN	29.8	37.0	37.1	1.43.9
古馬1000万	29.9	37.3	37.7	1.44.8
古馬500万	30.2	37.9	37.9	1.46.0
3歳未勝利	30.3	38.3	38.7	1.47.3

枠番別連対率

枠	12頭以下	13頭以上
1 枠	21.1%	14.6%
2 枠	14.0%	15.6%
3 枠	15.8%	14.4%
4 枠	16.1%	10.6%
5 枠	13.3%	22.9%
6 枠	18.3%	15.0%
7 枠	24.0%	14.4%
8 枠	21.4%	15.0%

クラス別連対脚質

良 クラス	逃げ	先行	中団	後方	マクリ
古馬OPEN	21.4%	42.9%	28.6%	—	7.1%
古馬1000万	28.6%	39.3%	21.4%	—	10.7%
古馬500万	16.4%	53.6%	15.5%	2.7%	11.8%
3歳未勝利	18.1%	54.3%	17.4%	2.2%	8.0%

重・不良 クラス	逃げ	先行	中団	後方	マクリ
古馬OPEN	25.0%	75.0%	—	—	—
古馬1000万	28.6%	42.9%	14.3%	—	14.3%
古馬500万	11.9%	64.3%	14.3%	4.8%	4.8%
3歳未勝利	15.9%	56.8%	9.1%	9.1%	9.1%

東京 / 中山 / 京都 / 阪神 / 中京 / 札幌 / 函館 / 新潟 / 福島 / 小倉

好走タイプがよくわかる
コース分析&攻略のコツ

　スタンド前スタート、その後2コーナーまでずっと下り坂なので、テンはかなり速くなります。中盤も淀みなく流れて、ラストも下り坂の割には速くなり過ぎず、結局中盤3Fと上がり3Fでほぼ同じラップが刻まれるコース。テンだけが速い一貫急流で前も激しくなりますが、後続もギアチェンジがしづらい上に瞬発力も使えず…と、単調な前残りが基本となります。

　同コースでの実績は重要ですが、滞在競馬では徐々に仕上げてひと

函館ダ1700m

このコースはそのまま信頼できる！

④中距離スピードコース

函館1700m　福島1700m　小倉1700m

同カテゴリーでの好走、特に先行しての好走は高評価。展開で着順が入れ替わるので、序列を逐一信用するよりも、過去の好走から可能性を追っての妙味狙いが期待値が高い。

　夏かけて勝ち上がっていく計画的なパターンも多いですし、鞍上や陣営の戦略で戦法を大きく変えて来る場合もあるので、前走の序列を信用し過ぎないのも重要です。過去の④中距離スピード「スイスイ」コースでの好走、特に先行して勝ち負けしたことがある馬の可能性を積極的に追ってみましょう。
　別カテゴリーでも、コースで先行して好走した経験がプラスに評価できます。特に⑤中距離総合力「じわじわ」コース・⑥中距離底力「グダグダ」コースでの先行しての好走は評価、なかでも⑥中距離底力「グダグダ」コースで先行して失速した場合でも巻き返しが期待できます。逆に②短距離底力「バタバタ」コースで先行できるスピードも加点できますが、こちらでは上がりが速い方が信頼度が高くなります。

CHAPTER 3

パーツに注目 このコースのココを見よう！

- ②短距離底力「バタバタ」コースの先行好走・速い上がり
- ⑤中距離総合力「じわじわ」コースでの先行好走
- ⑥中距離底力「グダグダ」コースでの先行

近い距離で先行できるスピードは基本的に加点評価、特に急坂コースでは失速してもラスト下り坂の函館では粘り込める場合が多いので、⑥中距離底力「グダグダ」コースで先行しての失速からの巻き返しは狙い目。②短距離底力「バタバタ」コースでは好位から速い上がりでの好走が最も評価でき、直前開催の東京1600組は重視する。

狙える馬・買えるパターンは？

Sample Race

2016/7/24　函館9R 3歳上500万下

2着　⑨エンクエントロス（6番人気）

ここ2走は同舞台で6・4着と一息だが、7走前には②短距離底力「バタバタ」コースの東京1600で先行して同級3着・5走前には⑥中距離底力「グダグダ」コースの中京1800で先行しての同級1着まであり、そもそも底力は明らかに上位。

（5走前）

4着　⑧トウシンタイガー（1番人気）

前々走は同コースを圧勝して勝ち上がったので無視はできないが、しかし前走同コースで4着とはいえ1秒差と着差は大きく、これで1番人気ならば飛ぶパターンに張る方が妙味はある。

（前走）

※馬名横の印は予想時の各馬に対する評価を「◎絶好の狙い目」「○狙い目」「△買える」「×狙い下げ」のイメージで付しています。

第3章　JRA28コース完全攻略　123

❶ 短距離スピードコース
新潟ダ1200m
NIIGATA DIRT COURCE

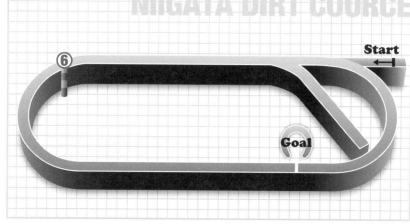

高低断面図

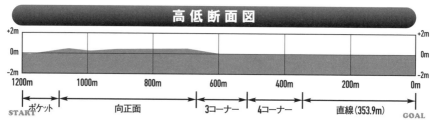

 コースのポイント

☑ 芝スタート＋向こう正面の長い直線で、テン速いスピード勝負

☑ コーナーきつく捲り効かず、前傾ラップでも先行有利の決着

クラス別平均分割ラップ

クラス	テン3F	上がり3F	勝ち馬平均
古馬1600万	34.2	36.9	1.11.1
古馬1000万	34.2	36.9	1.11.1
古馬500万	34.5	37.4	1.11.8
3歳未勝利	34.7	37.7	1.12.4
2歳未勝利	34.7	38.2	1.12.9

枠番別連対率

枠	12頭以下	13頭以上
1 枠	28.6%	12.2%
2 枠	28.6%	12.0%
3 枠	14.3%	14.0%
4 枠	14.3%	14.8%
5 枠	18.2%	13.0%
6 枠	23.1%	10.0%
7 枠	0%	15.1%
8 枠	23.1%	16.3%

クラス別連対脚質

良 クラス	逃げ	先行	中団	後方	マクリ
古馬1600万	30.0%	30.0%	30.0%	10.0%	—
古馬1000万	25.0%	45.8%	25.0%	4.2%	—
古馬500万	19.9%	47.0%	26.5%	6.6%	—
3歳未勝利	21.8%	56.4%	20.9%	0.9%	—
2歳未勝利	35.3%	52.9%	11.8%	—	—

重・不良 クラス	逃げ	先行	中団	後方	マクリ
古馬1600万	—	75.0%	—	25.0%	—
古馬1000万	33.3%	16.7%	50.0%	—	—
古馬500万	23.7%	44.7%	26.3%	5.3%	—
3歳未勝利	21.4%	53.6%	21.4%	3.6%	—
2歳未勝利	37.5%	62.5%	—	—	—

好走タイプがよくわかる
コース分析&攻略のコツ

　引き込み線の芝スタート、その後向こう正面の直線を500m以上走るので、前半は必ず速いラップが刻まれます。新馬戦以外の全クラスで「テンより上がりが2.7〜3.5秒掛かる」という前傾ラップとなるので、やはりスピードが最重要のコース。ここまで前傾でも、コーナーがきつく捲りが発生しづらいことに加えて直線は平坦なので、結局は逃げ・先行馬中心の決着となります。前が有利でコーナーがきついので、芝部分を長く走れてかつカーブを大きく回れる外枠が有利で、

新潟ダ1200m

このコースはそのまま信頼できる！

1 短距離スピード コース

中山1200m	京都1200m	阪神1200m
中京1200m	札幌1000m	函館1000m
新潟1200m	福島1150m	小倉1000m

新潟1200・福島1150・中山1200はそのまま評価、特に福島・中山の先行での好走は信頼する（そのぶん差しでの好走は少し下げる）。他も好走は総じて加点するが、特に阪神・中京・京都の1200で先行しての好走は評価。

7・8枠の連対率が明らかに高いのは覚えておきましょう。

当然同カテゴリーの 1 短距離スピード「ビュンビュン」コース が重要で、同舞台はもちろんですが、同じく芝スタートの福島1150・中山1200もそのまま評価。特に福島・中山での先行での好走は、信頼度が更に高くなります。砂スタートのぶんこれには劣りますが、阪神・中京・京都の1200で先行しての好走も、しっかり加点すべき材料。1000m戦は更に価値は下がりますが、そのなかでは札幌1000が最も評価できます。

別カテゴリーでは、2 短距離底力「バタバタ」コース での先行しての好走がしっかりと加点できる材料。同じ芝スタートで先行できる能力自体もプラスで、それで粘れる底力も評価の対象となります。特に「H（ハイペース）」のレースで先行していれば大敗していても巻き返しの可能性があるので、人気がなくても狙ってみましょう。

CHAPTER 3

> パーツに注目

このコースのココを見よう！

②短距離底力「バタバタ」コースでの先行好走

③短距離瞬発力「サーッと」コースでの先行好走

②短距離底力「バタバタ」コースは芝スタートで先行できる能力自体が好材料、好走していればしっかり評価、特にハイペース先行ならば負けていても巻き返しの可能性がある。③短距離瞬発力「サーッと」コースは差しが決まりやすいので先行して踏ん張っていれば可能性あり、信頼度は低いが妙味込みでヒモ穴として狙う材料になる。

狙える馬・買えるパターンは？

Sample Race

2016/10/15　新潟11R　妙高特別（1000万下）

1着　⑥ボンボンキャスト（1番人気）

2走前同舞台での500万下勝ちは1000万下級の好時計、前走は同舞台で同級2着と適性は明らか。500万下ではあるが、中山1200でも先行して2・3着と底力もあり、死角は見当たらない。

（前走）

2着　⑦ヒカリブランデー（8番人気）

6〜2走前に中山1200で同級4・4・5・4・3着、特に直近の2走前が先行しての馬券圏内と価値ある内容。前走は休養明けで大敗だが、度外視して十分狙える。

（2走前）

※馬名横の印は予想時の各馬に対する評価を「◎絶好の狙い目」「○狙い目」「△買える」「×狙い下げ」のイメージで付しています。

⑤中距離総合力コース
じわじわ…新潟ダ1800m

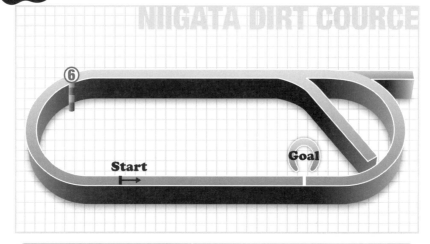

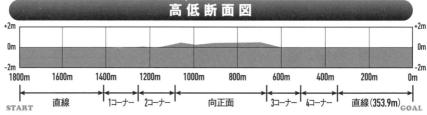

コースのポイント

- ✓ ラップは単調で先行有利、直線の長さで差し馬もそれなりに台頭
- ✓ 直前の福島1700での好走は、別カテゴリーでも素直に加点

CHAPTER 3

クラス別平均分割ラップ

クラス	テン3F	中盤3F	上がり3F	勝ち馬平均
古馬1000万	36.3	38.3	38.0	1.52.5
古馬500万	36.7	38.5	38.4	1.53.7
3歳未勝利	37.0	39.0	39.1	1.55.1
2歳未勝利	37.1	39.2	39.0	1.55.3

枠番別連対率

枠	12頭以下	13頭以上
1枠	17.1%	11.5%
2枠	14.3%	8.0%
3枠	20.0%	10.3%
4枠	20.0%	15.6%
5枠	10.4%	15.8%
6枠	16.1%	12.7%
7枠	23.1%	15.2%
8枠	23.2%	18.1%

クラス別連対脚質

良 クラス	逃げ	先行	中団	後方	マクリ
古馬1000万	8.8%	58.8%	26.5%	2.9%	2.9%
古馬500万	19.0%	48.8%	20.8%	8.9%	2.4%
3歳未勝利	14.7%	52.0%	26.7%	4.7%	2.0%
2歳未勝利	30.0%	40.0%	30.0%	—	—

重・不良 クラス	逃げ	先行	中団	後方	マクリ
古馬1000万	12.5%	87.5%	—	—	—
古馬500万	15.2%	45.7%	32.6%	6.5%	—
3歳未勝利	20.8%	58.3%	14.6%	6.3%	—
2歳未勝利	—	50.0%	50.0%	—	—

東京　中山　京都　阪神　中京　札幌　函館　**新潟**　福島　小倉

好走タイプがよくわかる
コース分析&攻略のコツ

　コースを1周するレイアウト、2コーナーに僅かな上り坂・3コーナーに僅かな下り坂があるもののほぼ平坦に近い起伏のコース。このためテンは速くなりますが、中盤・上がりは平均的に流れます。ラスト平坦なので1800m戦のなかでは最も先行有利となりますが、未勝利戦でも「逃げ＋先行」の連対率が7割を切っており、直線が350m超と長いこともあって単純なスピードだけの前残り決着という訳ではありません。イメージとしては、同カテゴリー⑤**中距離総合力「じわじわ」コース**の京都

第3章　JRA28コース完全攻略　129

新潟ダ1800m

このコースはそのまま信頼できる！

⑤中距離総合力「じわじわ」コース

| 京都1800m | 札幌1700m | 新潟1800m |

同カテゴリーは評価するが、特殊なコースなので特に同コース巧者は昇級戦でも"買い"。ハイレベルになりやすい京都1800での先行好走も信用しやすい。

1800と、④**中距離スピード「スイスイ」コース**のなかではラスト上り坂で最も差しが決まる福島1700の、中間のような位置付けになります。

⑤**中距離総合力「じわじわ」コース**での好走はそのまま評価でき、特にハイレベルになる京都1800での先行好走は信用できます。但し同カテゴリーでは唯一の左回り、かつ最もコーナーのカーブがきついという特殊な条件なので、やはり同コースでの実績が最重要。また前走が同カテゴリーのレースになりにくい施行時期なので、むしろ最も頼りになるのは春も夏も直前に行われている④**中距離スピード「スイスイ」コース**の福島1700でのレース内容。性質がやや近いので、好走は比較的そのまま加点できますが、なかでも速い上がりでの好走が信頼できます。左回りで直線長い新潟と右回りで直線短い福島は従来の概念では「適性が異なる」と思われがちですが、下りながらカーブがきついコーナーを回ってラストの伸びに繋げる資質が要求される点が似ていて、『ダ界地図』でも別カテゴリーなのにかなり近く描かれているように決着も比較的似ています。「前走：福島1700」は積極的に参考にして、効率的に絞り込みましょう。

他ではやはり、⑥**中距離底力「グダグダ」コース**で先行して好走できる底力は基本的に万能なので要マーク、失速して少々負けていても平坦替わりで巻き返せる可能性はあるので、特に人気薄ならば拾っておきましょう。

CHAPTER 3

このコースのココを見よう！

④中距離スピード「スイスイ」コースの上がり

⑥中距離底力「グダグダ」コースでの先行好走

④中距離スピード「スイスイ」コースでの速い上がりは直線延びて再現しやすく、特に福島1700での速い上がりでの好走は信頼できる。⑥中距離底力「グダグダ」コースでの先行好走もそれなりに評価できて、特に中山1800での先行しての失速は巻き返しての穴候補になる。

狙える馬・買えるパターンは？

Sample Race

2016/5/7 新潟9R 4歳上500万下

1着 ⑫トミケンシェルフ（1番人気） ◎
福島1700でNo1＆No2上がりでの2・2着、信頼できる実績。

```
1福⑥4・24 500万下 12ト2
芝ダ1478 吉田隼57 △
S38.8-37.1 ④④④④ 外
コティニャッ0.3 482 9 ⑦1
美坂 54.2 39.8 13.7 →◎
                    （前走）
```

2着 ②レイズオブザサン（6番人気） ○
過去5走3・5・6・4・4着と常に上がり上位で惜敗だが、特に前走の福島1700が最も着差は小さく、No2上がりで4着から新潟替わりで前進が見込める。

```
1福③4・16 500万下 15ト4
芝ダ1476 藤 懸57 ○
H37.7-38.7 ⑫⑫⑧9 内
トウケイアロ0.5 446 2 ⑦2
CW 86.0 38.6 12.3 →◎
                    （前走）
```

3着 ①サトノイクシード（7番人気） △
過去5走12・8・8・7・5着と足りなさそうだが、同カテゴリーは前走のみ。その前走はハイレベルになりやすい京都1800で5着とはいえ0.1差、人気薄ならば要マーク。

```
3京②4・24 500万下 14ト5
芝ダ1529 川島信57 C
H38.5-37.6 ⑪⑪⑪9 中
ダンツホーネ0.1 522 3 ⑦10
栗坂 54.8 39.8 12.8 →○
                    （前走）
```

※馬名横の印は予想時の各馬に対する評価を「◎絶好の狙い目」「○狙い目」「△買える」「×狙い下げ」のイメージで付しています。

第3章　JRA28コース完全攻略　131

福島ダ1150m

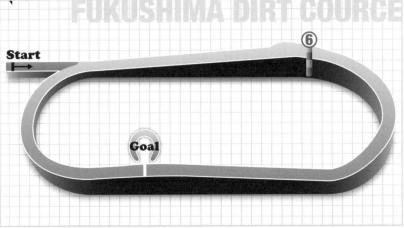

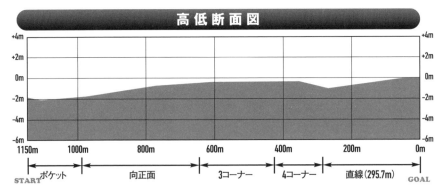

コースのポイント

- ✓ 芝スタートの直後に長い直線、急流でスピード重視
- ✓ テンもラストも上り坂で、意外と底力も問われて差しのチャンスも

クラス別平均分割ラップ

クラス	テン2.75F	テン3F(参考)	上がり3F	勝ち馬平均
古馬1000万	31.1	34.1	37.1	1.08.2
古馬500万	31.6	34.6	37.3	1.08.9
3歳未勝利	31.8	34.9	37.7	1.09.5
2歳未勝利	31.8	34.9	37.9	1.09.7

枠番別連対率

枠	12頭以下	13頭以上
1 枠	0%	15.0%
2 枠	50.0%	9.0%
3 枠	0%	13.5%
4 枠	0%	12.1%
5 枠	25.0%	9.8%
6 枠	0%	16.4%
7 枠	50.0%	12.2%
8 枠	0%	14.5%

クラス別連対脚質

良 クラス	逃げ	先行	中団	後方	マクリ
古馬1000万	20.0%	30.0%	30.0%	20.0%	―
古馬500万	14.6%	45.3%	32.8%	7.3%	―
3歳未勝利	21.4%	61.4%	17.1%	―	―
2歳未勝利	26.9%	50.0%	19.2%	3.8%	―

重・不良 クラス	逃げ	先行	中団	後方	マクリ
古馬1000万	―	50.0%	50.0%	―	―
古馬500万	16.7%	50.0%	33.3%	―	―
3歳未勝利	14.3%	71.4%	14.3%	―	―
2歳未勝利	―	―	―	―	―

好走タイプがよくわかる コース分析&攻略のコツ

　平坦のイメージが強いローカルですが、福島は意外と小刻みな起伏があり、特にこの1150mは前半がずっと上り坂・後半は少し下ってラスト上り坂と、トータルで2mほど上るコース設定になっています。更にスタートは引き込み線の芝スタートで長い向こう正面を走るので、明らかにテンが速くなり、スピードが絶対条件というコースです。しかしハイペースで流れて上り坂で消耗するので、実はスピードだけではなく意外と底力も問われて、差し馬にも浮上のチャンスがあ

福島ダ1150m

このコースはそのまま信頼できる！

1 短距離スピード ビュンビュン コース

中山1200m	京都1200m	阪神1200m
中京1200m	札幌1000m	函館1000m
新潟1200m	福島1150m	小倉1000m

特に福島1150・中山1200、次いで新潟1200での実績を信頼。札幌・函館・小倉1000で先行できるスピード、阪神・中京1200で粘り込める底力はそれぞれ加点材料で、両方の合わせ技で信頼度が上がる。

ります。このため中山1200と同様にやや 2 短距離底力「バタバタ」コース寄りの性質で、クラスが上がると一気に差し馬好走の比率が上がり、1000万下では「中団＋後方」の連対率が5割に。クラスが上がると決着が変わるこの傾向は馬券上もかなり重要なので、しっかり意識しておきましょう。

スピードが重要なので当然 1 短距離スピード「ビュンビュン」コースを評価しますが、中でも芝スタート＋ラスト上り坂の福島1150・中山1200での実績を重視、特に先行しての好走は信頼します。新潟1200もほぼ重なりますが、1000万下になると逃げ・先行馬の信頼度はやや下がるので注意。他でも1000m戦で先行できるスピードや阪神1200・中京1200で先行して粘れる底力は当然評価でき、特にこのスピードと底力の両方を示している馬は信頼度が高くなります。

同じ芝スタートの 2 短距離底力「バタバタ」コースで先行して粘れていれば、距離短縮でも狙いやすく、特に「H（ハイペース）」のレースならば少々負けていても巻き返しが狙えます。なおこの距離短縮パターンでは、内で揉まれない外枠の方が信頼度は上がります。

CHAPTER 3

このコースのココを見よう!

②短距離底力コースでの先行

先行しての好走があれば加点評価。特にハイペースで先行した馬は、大敗からの巻き返しで大穴が狙えることも。このパターンは特に外枠が有利。

狙える馬・買えるパターンは?

Sample Race

2016/11/13 福島9R 3歳上500万下

1着 ①ニシノイナズマ(11番人気)

古馬500万下で20戦して掲示板7回、うち6回が福島1150と新潟1200と適性は合致、残りの1回が中京1200での先行しての3着と底力もある。ハマれば激走の可能性は常にあり、ここまで人気が落ちれば妙味も十分。

| 2福② 7・3 500万下 15㌧ 5 |
| 三ダ 1089 内田博 57 △ |
| H35.2-36.9 ⑤⑤⑤ 外 |
| サビーナクレ0.5 494 14㌧ 5 気 |
| 南W 451.7 38.6 12.9 → |
| (3走前) |

2着 ⑮マリエラ(5番人気)

初ダートの前走未勝利勝ちは②短距離底力「バタバタ」コースの阪神1400で、ハイペースで先行して押し切り。距離短縮で平坦のここも流れ込みは有望、外枠なので特に買いやすい。

| 3阪③ 6・11 未勝利 16㌧ 1 |
| 西ダ 1251 川 田 56 ▲ |
| H34.9-38.3 ②②② 内 |
| クシゲルオニカ 520 14㌧ 1 気 |
| 栗坂 53.2 38.7 12.2 ↗ |
| (前走) |

※馬名横の印は予想時の各馬に対する評価を「◎絶好の狙い目」「○狙い目」「△買える」「×狙い下げ」のイメージで付しています。

❹ 中距離スピードコース
福島ダ1700m

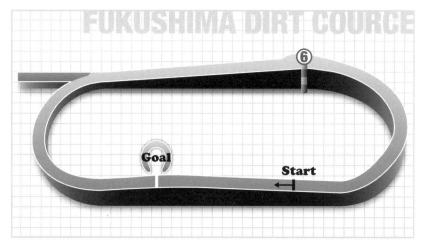

高低断面図

コースのポイント

- ☑ テン・中盤・上がりの全てに上り坂が含まれており、額面よりやや負荷が大きい
- ☑ スピード重視だが、上記の負荷のせいで同カテゴリーのなかでは最も差しが決まる

クラス別平均分割ラップ

クラス	前2.5F	中盤3F	上がり3F	勝ち馬平均
古馬1000万	30.0	37.9	37.8	1.45.8
古馬500万	30.3	38.1	38.4	1.46.9
3歳未勝利	30.5	38.7	38.8	1.48.0
2歳未勝利	30.3	39.3	39.1	1.48.7

枠番別連対率

枠	12頭以下	13頭以上
1 枠	0%	14.2%
2 枠	6.7%	12.5%
3 枠	20.0%	10.1%
4 枠	20.0%	14.7%
5 枠	8.7%	16.1%
6 枠	22.2%	9.0%
7 枠	34.5%	14.6%
8 枠	17.2%	17.7%

クラス別連対脚質

良 クラス	逃げ	先行	中団	後方	マクリ
古馬1000万	2.5%	60.0%	30.0%	5.0%	2.5%
古馬500万	15.9%	45.8%	29.4%	1.9%	7.0%
3歳未勝利	19.0%	55.4%	15.7%	2.5%	7.4%
2歳未勝利	20.0%	60.0%	5.0%	—	15.0%

重・不良 クラス	逃げ	先行	中団	後方	マクリ
古馬1000万	25.0%	50.0%	25.0%	—	—
古馬500万	10.0%	65.0%	20.0%	—	5.0%
3歳未勝利	26.5%	47.1%	23.5%	—	2.9%
2歳未勝利	—	100%	—	—	—

東京 中山 京都 阪神 中京 札幌 函館 新潟 福島 小倉

好走タイプがよくわかる
コース分析&攻略のコツ

　スタンド前スタート、最初上りなので函館ほどは速くなりません
が、下りながらコーナーに入っていくのでなかなかペースは落ちず。
中盤のラップはやや落ちる印象ですが、向こう正面が上り坂なので実
質の負荷はなかなかで、更にラストも上り坂があるので上がりは更に
掛かります。結果的に前傾急流の単調なラップになり、スピードが
必須のコースですが、しかしラストの上り坂である程度差しも届くの
で、このカテゴリーのなかでは一番「中団＋後方」の連対率は高くな

第3章　JRA28コース完全攻略　137

福島ダ1700m

このコースはそのまま信頼できる！

④中距離スピード「スイスイ」コース

| 函館1700m | 福島1700m | 小倉1700m |

同カテゴリーでの好走はそのまま評価、特に同コース重視。基本は先行好走の再現性が高いが、別コース（函館・小倉1700）で差して上位上がりも届かなかった馬が、坂で差し届くパターンが穴として期待できる。

ります。

　一貫急流なのでスピードが重要ですが、同じ④**中距離スピード「スイスイ」コース**の他コースよりは差しが届くのは意識しておきたい要素。基本は同カテゴリーで上位がある先行馬重視で、同コース実績重視は当然ですが、別コース(函館1700・小倉1700)で差して届かなかった上がり上位馬が前進するパターンで妙味を追いましょう。

　⑥**中距離底力「グダグダ」コース**で先行して好走がある馬の底力は、距離短縮でもある程度発揮できるので狙い目のひとつ。そして流れの中での差し脚という意味では、⑤**中距離総合力「じわじわ」コース**・③**短距離瞬発力「サーッと」コース**での上がりにも注目です。

CHAPTER 3

このコースのココを見よう！

⑥中距離底力「グダグダ」コースでの先行好走

⑤中距離総合力「じわじわ」コースでの上がり

③短距離瞬発力「サーッと」コースでの上がり

基本は先行有利なので、⑥中距離底力「グダグダ」コースで先行して好走があれば比較的評価できる。また⑤中距離総合力「じわじわ」コース・③短距離瞬発力「サーッと」コースで上位の上がりが使えていれば、差しての台頭がある程度期待できる。

狙える馬・買えるパターンは？

Sample Race

2016/11/20　福島11R　福島民友C（OP）

1着　⑭トラキチシャチョウ（7番人気）　○

1600万下では④中距離スピード「スイスイ」コースで1戦して2着、⑤中距離総合力「じわじわ」コースで最速上がりで完勝の勝ち上がりと、適性は十分。OPでの2戦は参考外の⑦中距離瞬発力「ぐいぐい」コース完敗だが上がりだけはNo2・No4と上位で、適性ある舞台に戻っての巻き返しは想定できる。

（4走前）

3着　⑨モズライジン（1番人気）　○

同カテゴリーのOPでは4走前に2着、3走前には⑤中距離総合力「じわじわ」コースのOPでもNo3上がりでの2着があり、買い要素は複数。勝ち上がったのが適性外の⑦中距離瞬発力「ぐいぐい」コースなので過信はできないが、一定の信頼度はある。

（3走前）

※馬名横の印は予想時の各馬に対する評価を「◎絶好の狙い目」「○狙い目」「△買える」「×狙い下げ」のイメージで付しています。

❶ 短距離スピードコース
小倉ダ1000m

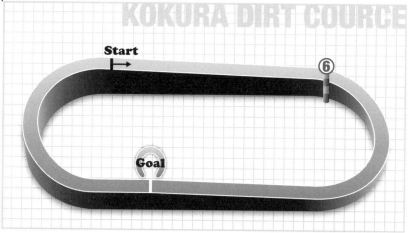

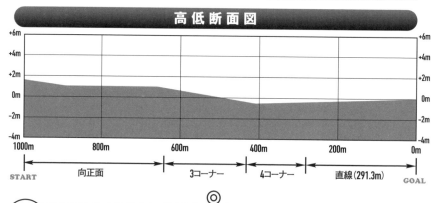

コースのポイント

✔ テン下り坂で激流、究極のスピード勝負

✔ 圧倒的に前有利、内有利も意識して並びから絞り込む

CHAPTER3

クラス別平均分割ラップ

クラス	テン2F	テン3F（参考）	上がり3F	勝ち馬平均
古馬500万	22.7	34.2	36.2	0.58.9
3歳未勝利	22.9	34.5	36.4	0.59.3
2歳未勝利	23.2	34.8	36.5	0.59.6

枠番別連対率

枠	12頭以下	13頭以上
1 枠	0%	23.2%
2 枠	33.3%	14.3%
3 枠	16.7%	17.8%
4 枠	0%	12.5%
5 枠	20.0%	14.3%
6 枠	0%	10.8%
7 枠	41.7%	13.4%
8 枠	16.7%	13.4%

クラス別連対脚質

良 クラス	逃げ	先行	中団	後方	マクリ
古馬500万	19.6%	51.8%	21.4%	7.1%	―
3歳未勝利	40.7%	50.0%	9.3%	―	―
2歳未勝利	40.0%	60.0%	―	―	―

重・不良 クラス	逃げ	先行	中団	後方	マクリ
古馬500万	21.7%	47.8%	26.1%	4.3%	―
3歳未勝利	32.4%	50.0%	14.7%	2.9%	―
2歳未勝利	33.3%	66.7%	―	―	―

好走タイプがよくわかる
コース分析&攻略のコツ

　スタートしてずっと下り坂で、ゲートから残り400までの高低差は2m以上になる設定のコース。このためテンは極めて速くなり、3歳未勝利でもテン2Fの平均ラップは22秒台という激流に。究極のスピード勝負で、ラストも僅かに上ってはいるものの前がそのまま流れ込むパターンがほとんど、結局は圧倒的に前有利の決着となります。

　未勝利戦は「逃げ＋先行」が連対馬の9割以上を占めるので、とにかく何が行けるかを考えるのが必須です。500万下になるとその比率

東京

中山

京都

阪神

中京

札幌

函館

新潟

福島

小倉

第3章　JRA28コース完全攻略　141

小倉ダ1000m

このコースはそのまま信頼できる！

①短距離スピード コース

中山1200m	京都1200m	阪神1200m
中京1200m	札幌1000m	函館1000m
新潟1200m	福島1150m	小倉1000m

特に1000m戦で逃げ・先行できるスピードを評価、テンのタイムを詳細に比較して、とにかくスピードがある馬を重視。同じ「砂スタート＋テン下り坂」の阪神・中京1200での先行しての粘り込みは信頼、少々負けていても巻き返し可能で妙味が追える。また内枠ほど有利なので、1・2・3枠は評価を上げる。

が7割程度まで落ちるので、中団からの差しにも注意を払わなくてはいけませんが、差し馬でもテンで速い脚を使って追走するスピードは要求されるのは同じ。むしろ生粋の差し馬よりもスピードと自在性がある先行馬が結果的に差すパターンも多いので、この「スピード十分だが、ハナ条件（逃げなければ好走できない）ではなく自在性を併せ持つ」タイプが最も信頼できることになります。

当然①短距離スピード「ビュンビュン」コースでのスピードが圧倒的に重要で、他のカテゴリーでの実績は基本的に度外視します。単純に1000m戦でのテン3F（新聞によっては2F）のラップを比較して、速い方が有利に運べると考えて絞りましょう。同じ「砂スタート＋テン下り坂」の中京1200・阪神1200で先行できるスピードは評価できるので、これらのコースで先行して急坂で失速して負けた馬が、距離短縮＋ラストほぼ平坦のここで巻き返すのは妙味の種となります。

函館1000と同様に、152〜153ページで詳述する「そのコースの平均ラップと比較して先行力を細かく比較する」手法で、スピードの序列を決め打つのも有効です。また激流だからこそ走破距離の差が響くので、明確に内枠有利なコースであることも意識してください。

CHAPTER 3

このコースのココを見よう！

特になし

① 短距離スピード「ビュンビュン」コースの実績が全くないのに人気している馬がいれば、狙い下げて妙味を追う。

狙える馬・買えるパターンは？

Sample Race

2016/8/14 小倉3R 3歳未勝利

1着 ⑧ウインフェルベール（6番人気）

同コースは1戦して2番手から2着、中京・阪神1200では2・2・2・5・9着で、特に先行した2回は共に2着。スピード十分で、人気落ちならば狙える。

4阪④9・20 未勝利16ト 2
壬ダ 1145 川 田54 ⓪
M36.4-38.1 ②③③中
コパノリスボ1.3 464 11 △2
(8走前)

2着 ⑫ハトマークレディ（1番人気）

前走は同コースで逃げて2着、前々走は阪神1200で逃げて3着と、最も買いやすい戦績。外枠過ぎるのは気になるが、上位は外さない想定。

2小②7・31 未勝利14ト 2
千ダ 591 荻野極51 ⓪
H22.5-36.6 □□□□毀
モズワッショ+ 396 12 △4
(前走)

3着 ①ヴィクトリアマンボ（5番人気）

前々走は阪神1200で先行して2着、前走は中京1200で先行して14着失速もこれは大外枠だった。今回有利な最内枠ならば、一変が狙える。

3阪⑧6・26 未勝利16ト 3
壬ダ 1121 武 豊54 ⓪
H34.7-37.4 ②②②内
ウォーターバ0.4 452 16 △3
(2走前)

※馬名横の印は予想時の各馬に対する評価を「◎絶好の狙い目」「○狙い目」「△買える」「×狙い下げ」のイメージで付しています。

❹中距離スピードコース
小倉ダ1700m

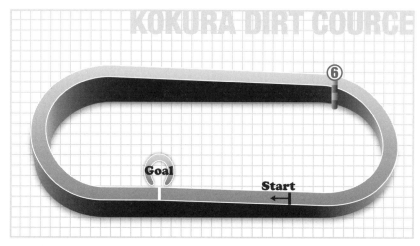

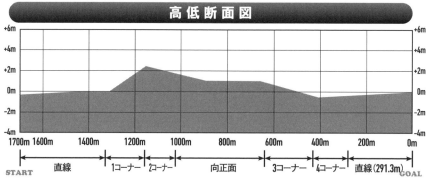

コースのポイント

☑ 先行有利なスピード勝負、
但しテンの負荷は大きく逃げ馬は意外と苦戦

☑ 上級条件では先行／差しが拮抗、機動力ある差し・捲り警戒

クラス別平均分割ラップ

クラス	テン2.5F	中盤3F	上がり3F	勝ち馬平均
古馬1600万	29.7	37.1	37.4	1.44.2
古馬1000万	29.9	37.4	38.0	1.45.3
古馬500万	29.9	37.9	38.3	1.46.1
3歳未勝利	30.0	38.3	39.0	1.47.3

枠番別連対率

枠	12頭以下	13頭以上
1枠	20.0%	13.9%
2枠	40.0%	9.7%
3枠	0%	11.4%
4枠	20.0%	17.3%
5枠	28.6%	12.2%
6枠	28.6%	12.5%
7枠	11.1%	10.5%
8枠	11.1%	14.5%

クラス別連対脚質

良 クラス	逃げ	先行	中団	後方	マクリ
古馬1600万	—	50.0%	50.0%	—	—
古馬1000万	7.1%	57.1%	25.0%	—	10.7%
古馬500万	19.1%	43.6%	29.1%	2.7%	5.5%
3歳未勝利	17.5%	54.4%	15.5%	1.0%	11.7%

重・不良 クラス	逃げ	先行	中団	後方	マクリ
古馬1600万	25.0%	25.0%	25.0%	25.0%	—
古馬1000万	31.8%	54.5%	13.6%	—	—
古馬500万	16.7%	45.2%	26.2%	3.6%	8.3%
3歳未勝利	16.7%	55.0%	16.7%	6.7%	5.0%

東京
中山
京都
阪神
中京
札幌
函館
新潟
福島
小倉

好走タイプがよくわかる
コース分析&攻略のコツ

　スタンド前スタート、直線は僅かに上り坂で1コーナーは急な上り坂と、実はテンはずっと上っていますが、先行有利の心理面もあるのかテン2.5Fは全クラスで30秒以内と速くなります。向こう正面から4角まで続く下り坂である程度脚を温存できるので基本は先行有利になりますが、テンの無理が堪えることもあって逃げ馬は意外と苦戦、差しもある程度は決まるというコースです。

　④**中距離スピード「スイスイ」コース**での好走は評価、特に先行馬は

小倉ダ1700m

このコースはそのまま信頼できる！

④中距離スピード スイスイ コース

| 函館1700m | 福島1700m | 小倉1700m |

同カテゴリーでの好走を評価、特に小倉は脚質問わず・福島では先行好走・函館では差しての好走でそれぞれ大きく加点する。展開にバラつきあるので、凡走でダメだと決めつける減点法ではなく、好走の可能性を追う加点法で攻める。

外せませんが、但し展開によっては逃げ切りの再現は難しくなるので逃げ馬は少し疑ってみます。逆に差し・捲りも不発の場合があるコースなので信頼はできず、いずれのパターンも人気との相談となります。同舞台小倉は脚質問わず・福島では先行好走・函館では差しての好走がそれぞれ再現しやすい傾向はありますが、どうせ展開に紛れがあって信頼できないならば、都合よく人気薄が好走を再現できる買い目で妙味を追うのは有効なアプローチです。

別カテゴリーでは、②短距離底力「バタバタ」コースでの差しての好走や、⑤中距離総合力「じわじわ」コース・⑥中距離底力「グダグダ」コースでの先行しての好走は評価できます。こちらも凡走でマイナス評価するというよりも、人気薄ほど数少ない好走が再現できる可能性を探るプラス評価の材料としましょう。

CHAPTER 3

このコースのココを見よう！

②短距離底力「バタバタ」コースでの差し好走
⑤中距離総合力「じわじわ」コースでの先行好走
⑥中距離底力「グダグダ」コースでの先行好走

急流のなかで上位の上がりが使えるということで、短距離のなかでは底力要する②短距離底力「バタバタ」コースでの差しの再現の可能性はある。⑤中距離総合力「じわじわ」コース・⑥中距離底力「グダグダ」コースでの先行しての好走も評価、こちらも基本は減点法ではなく加点法で妙味を追う手段とする。

狙える馬・買えるパターンは？

Sample Race

2016/8/13　小倉11R 阿蘇S（OP）

1着　②メイショウスミトモ（5番人気）　〇

前年夏に1000万下だが、函館1700で差して2着・札幌1700で先行して2・1着と条件に合致する連続好走があり、季節的にも得意。2走前の1600万下は⑥中距離底力「グダグダ」コースの阪神1800で、先行しての3着とこれも買い要素。ここはOPだが1600万下クラスの馬が多く、この材料でも十分買える。

（2走前）

3着　⑤メイショウウタゲ（2番人気）　△

⑤中距離総合力「じわじわ」コースのなかでもハイレベルになる京都1800で、早めに捲って1000万下を完勝したのは好印象。先行好走というにはやや微妙な内容でOPでは信頼できないが、実質準OPレベルのメンバーならば印は回せる。

（4走前）

※馬名横の印は予想時の各馬に対する評価を「◎絶好の狙い目」「○狙い目」「△買える」「×狙い下げ」のイメージで付しています。

第3章　JRA28コース完全攻略　147

特別コラム　**JRAダートGI ワンポイント攻略**

フェブラリーS（1回東京8日目1600m）

- ▶ ②短距離底力「バタバタ」コースの差し、⑥中距離底力「グダグダ」コースの先行が買い材料
- ▶ 複数の買い材料の"合わせ技"で信頼、近走大敗からの巻き返しは4歳馬のみ

同カテゴリー②短距離底力「バタバタ」コースの重賞の好走、特に差しての好走は好材料。別カテゴリーでは中距離での先行、特に⑥中距離底力「グダグダ」コースで先行して好走した馬は大きく加点できるので、GIチャンピオンズCやGII東海Sは"格"の面だけでなく適性面でも最重要レース。該当馬が多いので近走大きく負けている馬の巻き返しは成長や本格化込みでないと難しく、その多くは4歳馬ということになります。

ちなみに前走は川崎記念や東京大賞典など地方開催の交流GIという馬も多いですが、10F以上でかつ平坦なこれらのレースは適性的にはあまりリンクしません。適性としてはあくまでもJRAのレースで判断するのを基本とします。

チャンピオンズC（4回中京2日目 1800m）

- ▶ ⑥中距離底力「グダグダ」コース重視、なかでもアンタレスSの差し好走が特注
- ▶ 大井2000・川崎2100のGIでの好走は加点、現状3歳馬は分が悪い

同カテゴリー⑥中距離底力「グダグダ」コースの好走は加点しますが、なかでも起伏差が小さく前が楽ができる阪神1800のアンタレスSでしっかり差して勝ち負けした馬が、好走しやすいという結果が出ています。

別カテゴリーは無視するのが定石ですが、地方開催の交流GIばかりを使う馬が多いので多少は参考にする必要があります。大井2000mや川崎2100mのGIでの上がり上位での好走が買い材料で、東京大賞典・川崎記念・帝王賞・JBCクラシックに注目。

なお厳しい流れのGIだからこそ斤量利のある牝馬・3歳馬も見逃せませんが、ダートではスタミナで劣る3歳馬はかなり分が悪くなっています。牝馬も同様でしたが2015年にサンビスタが勝っており、今後は3歳馬も含めて激走が発生する可能性はありそうです。

第4章 さらに美味い飯を食うために

深い予想のために、合わせて考えたい "トッピング"要素

　第2章で予想の基本的な手順、そして第3章で各コースの詳細な特徴について触れましたが、更にいろいろな要素を組み合わせて、予想の味わいを深めることが可能です。順を追って解説していきましょう。

❶ 枠順　ハナ条件馬の内枠に注意

　最近は、枠順の有利不利について語られることが多くなりました。直線コース以外では内枠の方が走る距離（「走破距離」と言います）が短くなることが多いので、あらゆる競馬の基本としては「内枠＝内を通って走破距離が短くなる可能性が高い＝有利」ということになります。具体的に言えば、「終始内ラチ沿いを走る馬」と「終始内ラチ沿いから1m外側を走る馬」では、1周（コーナー4回）コースの場合、走破距離に2×π（約3.14）×1m＝6m以上の差がつくことになるので、かなり内が有利になるはずです（但し馬には群れて走る習性があり、道中息を入れて走る場合には走破距離の差があまり負荷として響かないので、結果に直接6m分の影響がある訳ではありません）。

　競馬の基本は内枠有利のはずなのに、しかし第3章のコース別データでは、意外と1・2枠の連対率が低いコースが多くなっています。これには様々な要因がありますが、内は揉まれやすく砂を被りやすい不利があること、対して外は自分のタイミングで動きやすい有利があること、更に芝スタートのコースならば外の方が芝部分を長く走れること、というのが主な原因です。

　この部分は各コースのデータを見ながら上手く取り込んで頂くとして、その際に更に注意すべき点があと2つあります。まず第一に、「ハナ条件（逃げないと力を発揮できない）」タイプの成績の馬が内枠を引いた場合は、信頼度が大きく下がるということ。

　競馬は、馬の群れて走る習性や他の馬を抜きたがる習性を上手く組み合わせて競技として成立させている訳ですが、先頭に立って走るのが気性的にも安定しやすく、特にダートでは砂を被らずに最短距離を走れるという優位は

150　砂にまみれて飯を食う

極めて大きくなっています。個人的には「単騎逃げはドーピング」と提唱しているぐらいで（あくまでも極端な比喩です）、逃げて発揮した能力を2・3番手でも自在に発揮できる馬は少ないと心得ましょう。それだけに、内枠からダッシュよく飛び出して先手が奪えれば圧倒的に有利ですが、逆に言えば外の馬に先に行かれて内で砂を被るポジションになると、そこから抜け出すのは相当困難になります。内の好位からでも好走ができるタイプであれば内枠は明らかにプラスですが、逃げないと崩れるタイプの馬であれば、内枠は信頼度マイナスの要因。逆に大外枠ならば、テンで少し出負けしても二の足で先頭に立つことも可能（内から抜くよりはかなり可能性が高い）なので、ハナ条件の馬、或いは陣営が「揉まれなければ」とコメントしている馬などは、内枠をリスクだと考えましょう。

　そして注意すべきもう一点は、季節によっては明らかに外枠有利な状況があるということ。これについては「❻季節」の項で後述しますが、時計が掛かる年明けのダートは外差し有利という傾向は覚えておいて損はありません。

❷斤量　スピードと底力の「もう一押し」に

　競馬において斤量差は、厳しい流れで時計が速いレースの方が大きな影響を与えます。これも諸説ありますが、走破距離と同様に、馬の習性を考えると「無理をして走っている区間」が長いほど、斤量の重さが負荷として響くと思われます。

　これを踏まえると、テン激しいスピード勝負になる<u>**1短距離スピード「ビュンビュン」コース・4中距離スピード「スイスイ」コース**</u>などでの、減量騎手や軽ハンデ馬は要マークということになります。陣営の戦略で少しスピードが足りない馬が減量騎手に乗り替わって逃げたり、前に行く馬と斤量との関係は注目されがちですが、実は負荷を軽減させるという意味では、急坂の差しでも効くのは見逃せません。<u>**2短距離底力「バタバタ」コース・6中距離底力「グダグダ」コース**</u>での、軽ハンデ差し馬の一発にも注意してください。

　但し斤量は、あくまでも適性は合致しているがもう一歩だけ足りない馬の、

第4章　さらに美味い飯を食うために　　151

最後の「後押し」とするべき要素です。例えば②短距離底力「バタバタ」コースでは後方から5着・③短距離瞬発力「サーッと」コースで後方から8着という馬が、今回は②に戻ってしかも減量騎手に乗り替わったので狙う…というように、適性面の裏付けがある馬の加点要素としましょう。

「❶ 枠順」「❷ 斤量」の、芝レースでの活用法

　本書はダート戦攻略本ですが、実はこの2つの要素は芝でも回収率に直結する重要な要素です。特に枠順は芝の方がシンプルに「内枠有利」になりやすく、競馬新聞の印は枠順確定前に打たれていることがほとんどなので、「新聞の予想に唯一織り込まれていない要素」として活用してみましょう。また近年時計が速くなっているハイレベルなレースほど、古馬牡馬に比べて斤量が軽い牝馬や3歳馬の活躍が目立っている（最も分かりやすい例で言えば、世界最高峰のレース凱旋門賞は過去15回で3歳馬が10勝、残り5回のうち牝馬が3勝）ので、この点も意識して予想に臨んでみてください。

---

❸ 先行力　各コースのテンの価値を補正して 「真の先行力」を測る

　第3章の各コース解説では、特に小倉1000・函館1000で触れましたが、逃げ・先行有利なコースでは先行力（スピード）の序列を厳密に比べると、より予想の精度が上がります。1000mに限らず、スピードが問われるコースで、ハナ条件の馬がちゃんと逃げられるかどうかなど、先行力の比較が有効な場面は時折訪れます。その際には、過去実績のラップが、そのコースのこれから走るレースのクラスでの平均ラップと比べてどれだけ速いか（遅いか）を比較して、「真の先行力」を測る手法が有効です。

　短距離戦の古馬500万下のテン3Fの平均レースラップは次ページの表の通りなので、簡単に言えば前走「中山1200でテン34.3」の馬と「阪神1200でテン34.9」の馬と「東京1300でテン36.0」の馬がいれば、その先行力はほぼ互角ということになります。簡略化するために、各コースでのテンの踏破ラップにこの表の右の欄の「補正値」を増減して比べると、各馬の「真

152　砂にまみれて飯を食う

の先行力」が同じ尺度で比べられることになります。

もちろん、逃げが圧倒的に有利で複数の馬がハナを取りに行く小倉1000と、逃げたい馬がいない場合すらある東京1600では「逃げ馬の本気度」が違うので、テン平均から単純に算出した補正値を絶対視はできませんが、一定の客観的な基準として把握しておいてください。特にスピードが重要な1200以下のコースでは、かなり正確な指標となります。

なお「❶枠順」の項で、ハナ条件の馬の内枠はリスクだと説明しましたが、この「真の先行力」の比較で最上位（或いは最上位タイ）の馬であれば、一転して砂を被らず最短距離を走る内枠を大きな有利に変えることができます。この比較は、枠順と組み合わせて更に破壊力を増しますので、有効活用してください。

古馬500万下の テン3F平均ラップ		
コース	テン3F平均	補正値
小倉1000m	34.2	+0.8
中山1200m	34.3	
函館1000m	34.5	+0.5
新潟1200m	34.5	
福島1150m	34.6	
札幌1000m	34.7	+0.3
阪神1200m	34.9	±0
阪神1400m	34.9	
中京1400m	35.0	
京都1400m	35.0	
中京1200m	35.1	
京都1200m	35.3	−0.3
東京1600m	35.9	−1.0
東京1300m	36.0	
東京1400m	36.0	

❹ 上がり　「上がり上位」は差し馬だけではない

第3章の「このコースのココを見よう！」では、各所にこのカテゴリーの「上がり」を評価する、という表現があります。これに該当するのは基本的に差し・追い込み馬ということになりますが、しかし下級条件では特に逃げ・先行馬でこれに該当する場合もあるので、見逃さないようにしてください。

以前の競馬新聞は、上がりが上位かどうかは全く分かりませんでしたが、最近はほとんどの新聞で最速上がりは太字で記載されていますし、レース

第4章　さらに美味い飯を食うために　153

上がりとの差異がプラスマイナスで記載されている新聞もあります。また「netkeiba.com」では上がりのNo1～3は色付きで表示されていますし、「JRA-VAN」でも2017年から同様に上がり上位馬は馬柱内で色付きで強調されるようになりました。これらのデータベースを上手く活用して、条件に該当する馬をしっかり探し出しましょう。

❺ 調教　特にスピードが重要な短距離戦ではチェック

　調教タイム、特にレース前の水・木曜に最終仕上げとして行われる「追い切り」は、馬の調子を表す指標とされています。調教はあくまでも調教なので、そのタイムの序列に流され過ぎる必要はありませんが、ダート短距離に限っては調教で走る距離とレースで走る距離に大差がないので、リンクする度合いは他の条件より高くなります。ダート短距離、特にスピードが重要な①短距離スピード「ビュンビュン」コースで調教のタイムが明らかに抜けて速い馬に関しては、買い材料としてしっかり評価しましょう。

　追い切り時計の評価は、平地コースでは上がり4F・坂路コースでは上がり3F（坂路の方が負荷が大きいため）の比較を基本的に考えます。調教コースは雨や時期によってかなり時計の出方が変わるので次ページの表の数値は参考までにとどめて、同レースの出走馬や同週の他のレースの追い切り時計と比較して、上位ならば加点していいでしょう。

　ちなみに「1週前追い」として前週に速い時計を出して、当週には軽めで時計が遅い場合もありますが、この場合は1週前の方で判断しましょう。また連闘（2週連続の出走）や中1週での出走時に、既に仕上がっていれば前走後に特に時計を出さない（速いタイムの調教をしない）場合もありますが、この場合は前走時の追い切り時計で判断します。また北海道滞在では、連闘or中1週が5～6走続く場合もあります。体調の変動が少ない滞在ならば追い切りの好時計は前々走までは遡って加点してもいいですが、それ以上になると疲労の蓄積もあるので、調教での加点はせず成績だけで判断しましょう。

154　砂にまみれて飯を食う

追い切り時計の目安			
コース	美浦	栗東	北海道	好時計の基準
ダートコース（速）	南（D）	B・E		4F50秒台
ダートコース（遅）	北（C）		札幌・函館	4F51秒台/北海道は52秒台
ウッドチップコース	南W	C	函館W	4F52秒台
ポリトラックコース	南P	D（P）		4F50秒台
坂路コース	坂	坂		3F38秒台

　調教タイムによる買い材料は、適性がない馬がいきなり大駆けするというより、もともと適性がある馬の「もう一押し」の意味が大きいですが、ただ調教の短い距離でずば抜けたタイムを出すということ自体が❶**短距離スピード「ビュンビュン」コース**で好走する適性と比較的リンクするので、このカテゴリーでは単純に加点評価できます。「❸**先行力**」の項で触れた「真の先行力」についても、前走から調教タイムが大幅に良化していれば、今回過去の数値以上にダッシュが効く可能性が高くなります。

❻ 季節　冬の中距離戦で差しが効きやすい理由

　ダートコースは基本的に先行有利ですが、砂が乾燥して時計が掛かる馬場になると、負荷が大きくなって差しが効きやすくなります。同じコースでも夏〜秋開催が最も時計速く、春と年末がやや掛かり、そして年始1〜2月開催が最も遅い、というのが全コースを通した傾向ですので、時計差は差しの効きやすさの判断基準としてください。

第4章　さらに美味い飯を食うために　155

中山1800m 開催別データ

平均分割ラップ

古馬500万

開催	テン3F	中盤3F	上がり3F	勝ち馬平均
1回(1月)	37.8	38.7	38.9	1.55.3
2回(2月下旬～3月)	38.1	38.7	38.9	1.55.7
3回(3月下旬～4月)	37.6	39.1	38.5	1.55.2
4回(9月)	36.9	38.3	38.8	1.54.0
5回(12月)	36.9	38.4	39.4	1.54.6

古馬1000万

開催	テン3F	中盤3F	上がり3F	勝ち馬平均
1回(1月)	37.9	38.5	38.6	1.54.9
2回(2月下旬～3月)	37.7	38.2	38.6	1.54.5
3回(3月下旬～4月)	37.5	38.6	37.9	1.54.0
4回(9月)	37.4	37.4	38.6	1.53.4
5回(12月)	37.4	38.3	38.2	1.53.9

連対脚質

開催	逃げ	先行	中団	後方	マクリ
1回(1月)	9.1%	43.9%	36.4%	6.1%	4.5%
2回(2月下旬～3月)	7.1%	50.0%	28.6%	10.7%	3.6%
3回(3月下旬～4月)	13.5%	48.1%	28.8%	3.8%	5.8%
4回(9月)	13.2%	52.6%	7.9%	18.4%	7.9%
5回(12月)	13.3%	40.0%	36.7%	10.0%	―

枠番別連対率

開催	1枠	2枠	3枠	4枠	5枠	6枠	7枠	8枠
1回(1月)	7.0%	8.1%	9.4%	12.1%	25.8%	15.2%	10.6%	13.6%
2回(2月下旬～3月)	10.5%	9.1%	8.0%	8.0%	16.0%	4.0%	0.0%	3.6%
3回(3月下旬～4月)	5.9%	12.2%	7.0%	2.3%	8.7%	4.2%	9.8%	7.7%
4回(9月)	3.0%	17.1%	16.2%	8.1%	13.5%	10.8%	21.6%	13.2%
5回(12月)	10.3%	17.2%	6.7%	10.0%	6.7%	10.0%	20.0%	20.0%

CHAPTER 4

東京1600m 開催別データ

平均分割ラップ

古馬500万

開催	テン3F	中盤2F	上がり3F	勝ち馬平均
1回 (1月下旬~2月)	35.6	25.4	37.5	1.38.5
2回 (4月下旬~5月)	35.8	25.3	36.9	1.38.0
3回(6月)	35.8	24.8	36.9	1.37.4
4回(10月)	36.2	25.2	37.0	1.38.4
5回(11月)	35.7	25.0	37.4	1.38.0

古馬1000万

開催	テン3F	中盤2F	上がり3F	勝ち馬平均
1回 (1月下旬~2月)	35.6	25.0	37.1	1.37.6
2回 (4月下旬~5月)	35.4	24.8	36.9	1.37.1
3回(6月)	36.0	24.8	36.1	1.36.8
4回(10月)	35.7	24.6	36.7	1.37.0
5回(11月)	36.4	25.1	36.4	1.37.8

連対脚質

開催	逃げ	先行	中団	後方	マクリ
1回 (1月下旬~2月)	12.5%	34.4%	34.4%	18.8%	－
2回 (4月下旬~5月)	8.3%	50.0%	29.2%	12.5%	－
3回(6月)	15.4%	46.2%	34.6%	3.8%	
4回(10月)	10.4%	36.4%	40.3%	13.0%	
5回(11月)	8.0%	52.0%	32.0%	8.0%	－

枠番別連対率

開催	1枠	2枠	3枠	4枠	5枠	6枠	7枠	8枠
1回 (1月下旬~2月)	10.0%	12.5%	3.2%	9.7%	12.5%	6.3%	25.0%	21.9%
2回 (4月下旬~5月)	9.8%	9.5%	11.6%	17.1%	10.1%	15.3%	12.7%	18.1%
3回(6月)	4.3%	13.0%	9.1%	8.0%	19.2%	0.0%	15.4%	34.6%
4回(10月)	12.5%	10.2%	13.2%	22.0%	12.1%	18.6%	18.9%	14.5%
5回(11月)	7.3%	18.6%	18.2%	15.2%	10.4%	12.0%	8.0%	18.4%

第4章　さらに美味い飯を食うために　　157

京都1200m 開催別データ

平均分割ラップ

古馬500万

開催	テン3F	上がり3F	勝ち馬平均
1回(1月)	35.6	36.7	1.12.33
2回(1月下旬〜2月)	35.9	36.8	1.12.69
3回(4月下旬〜5月)	35.3	36.9	1.12.21
4回(10月)	35.0	36.8	1.11.74
5回(11月)	34.7	36.7	1.11.39

古馬1000万

開催	テン3F	上がり3F	勝ち馬平均
1回(1月)	34.9	37.1	1.11.9
2回(1月下旬〜2月)	34.9	36.9	1.11.8
3回(4月下旬〜5月)	35.0	36.8	1.11.8
4回(10月)	34.7	36.3	1.11.1
5回(11月)	34.6	36.3	1.10.9

連対脚質

開催	逃げ	先行	中団	後方	マクリ
1回(1月)	12.8%	41.0%	38.5%	7.7%	−
2回(1月下旬〜2月)	8.8%	64.7%	14.7%	11.8%	−
3回(4月下旬〜5月)	10.0%	40.0%	37.5%	12.5%	−
4回(10月)	10.3%	46.6%	32.8%	10.3%	−
5回(11月)	4.5%	50.0%	40.9%	4.5%	−

枠番別連対率

開催	1枠	2枠	3枠	4枠	5枠	6枠	7枠	8枠
1回(1月)	18.2%	8.8%	13.5%	10.8%	11.4%	15.8%	15.8%	13.2%
2回(1月下旬〜2月)	15.4%	7.7%	28.6%	16.7%	13.3%	6.9%	15.2%	11.8%
3回(4月下旬〜5月)	11.1%	8.3%	12.8%	7.5%	10.0%	12.5%	17.5%	22.5%
4回(10月)	10.4%	17.3%	14.3%	17.9%	7.0%	8.6%	15.5%	13.8%
5回(11月)	4.8%	14.3%	9.5%	9.5%	22.7%	9.1%	18.2%	13.6%

短距離戦では、逃げたい馬がテンから全力に近いスピードで飛ばすので、馬場差がテンに集約されています。対して中距離戦では、騎手の時計感覚主導で道中は同じペースで流れがちなので、馬場差は主に上がりに集約されます。このため中距離戦の方が、より「時計が掛かる時期は差しやすい」傾向が強くなります。

　更に、特に年始の凍結防止剤が散布される時期は、極端に外差しが効きやすくなる傾向があります。この傾向の理由については諸説ありますが、凍結防止剤は水の凝固点を下げるための塩のようなもので、よく言われる「粘り気を増して重くなる」性質ではないはずなので、これは恐らく化学的な理由より物理的な理由の方が大きいと見ます。即ち、砂が流動性を増して内外に流れることによって、内ラチ沿いの砂が深くなって、相対的に馬場の真ん中が浅くなるのでちょうど外差しが伸びる、という構図だと思われます。上がりが掛かるラップなので、道中はロスなく運んで、負荷が大きいラストの直線だけ外に持ち出すのがベストと思われますが、しかし道中も内ラチ沿いは砂が深いので、やはり年始のレースで内枠は不利だとしておきます。

　時計が掛かる時期は差しが効きやすい、特に中距離戦は差し優位の度合いが増す、更に凍結防止剤散布の時期は外差しが効きやすい。これらの傾向を考えると、1月の中山1800・京都1800、特にラスト急坂の中山1800はかなり極端な狙いが成立します。直前の年末にも中山開催が行われており、前走が同舞台戦という馬も多いので、年末と年始で馬場を意識して評価を上げ下げするだけで、期待値を上げることができます。具体的には「年末に先行して好走した馬が、年始に内枠を引いたら人気でも狙い下げる」「年末に差しが届かなかった馬が、年始に外枠を引いたら思い切って狙い撃つ」といった形で、妙味を追うことが可能となります。

❼ クラス　上のクラスほどしっかり差せる馬が増える

　ほとんどのコースに関して、総じて下級条件ほど逃げ・先行が有利で、クラスが上がるほど差し・追い込みが決まるという傾向があります。この傾向の理由は、「ペースが速くなると、逃げ・先行馬がバテて差し・追い込みが

第4章　さらに美味い飯を食うために　159

決まる」のが競馬の"展開"の基本ですが、下級条件だと後続も追走でバテてしまって結局前残りが発生しやすくなるから。言い換えれば「ハイペースで恵まれるにも地力が必要」ということで、クラスが上になるほどしっかり差せる馬が増える、ということです。

　第3章でも幾つかのコースでこの傾向について触れていますが、これを踏まえると「逃げ・先行で勝ち上がった馬は、基本的に昇級戦では信頼度が落ちる」ということになります。同コースで完勝している馬でさえ、クラスが上がるとペースも違ってくるので、その違いに戸惑ってパフォーマンスを落とすことがあります。昇級戦で人気している馬は疑ってみるのが期待値的な"定石"で、それでも買えるかどうかを判断するには勝ち上がったレースのラップを検証してみる必要があります。具体的には、その馬が勝ち上がったレースとそのコースの今回出走するクラスの平均ラップ＆時計を見比べて、ラップも時計も遜色なければある程度信用する、という手順になります。

　この「昇級戦の人気馬」の扱いの例を、具体的に見てみましょう。

　京都1200で500万下を勝って、今回昇級で阪神1200の1000万下に出走する馬が人気している場合。500万下は逃げ切り圧勝、時計を見れば京都ダート1200の500万下の平均（1'12"1）を大きく上回って1000万下の平均（1'11"5）の方に近いし、今回も同カテゴリー 1 短距離スピード「ビュンビュン」コースなので人気でも高評価になりそうですが…しかしテンのラップが35.2というのは、1000万下の平均34.9には劣っているのが大きなポイント。今回昇級戦でも同様に逃げ切りを図れば、前走よりかなりハイペースを強いられて大崩れする可能性もありそうです。

但しこの馬が、これ以前に好位差しの形でも好走しているなど、逃げなくても好走できる根拠があれば、今度は上がりの速さが武器になることもあるので、過去の馬柱を遡って判断してください。

さらに「❶枠順」で述べたように、前走逃げた馬が逃げなくても好走できるパターンを想定する場合は、包まれない外枠の方が有利になりますし、「❷斤量」で述べたように、前走より斤量が減るようならば前走よりペースが上がっても踏ん張れる可能性も高くなります。このようにこの章の要素は互いに組み合わせられるので、自由に考えてみてください。

また、3歳OPは春先まで古馬1000万下相当で、クラシックシーズンから古馬1600万下相当のレベルになります。4月の中山1800・伏竜Sがちょうどその過渡期（1000万下レベル→1600万下レベル）にあたりますので、3歳OP実績はこれ以前は「1000万下」級・これ以降は「1600万下」級として扱いましょう。

3歳OP vs 古馬1000万下　東京1600mの同開催タイム比較

レース	左記レースの平均タイム	古馬1000万下戦の平均タイム
3歳2月 ヒヤシンスS（OP）	1'37"5	1'37"6
3歳5月 青竜S（OP）	1'36"9	1'37"1
3歳6月 ユニコーン（G3）	1'36"2	1'36"8

POINT 従来は3歳OP＝古馬1000万下レベルで、ユニコーンS・レパードSで1600万下レベルに到達するイメージだったが、ダート戦線の拡充・レベルアップにより、近年は4〜5月の3歳OPから1000万下レベルを超えて1600万下レベルに近付くようになっている。

❽ 新馬戦　デビュー2戦目でテンだけが強化される

新馬戦と未勝利戦を比べると、タイムやラップにどのような違いがあるのでしょうか。

GⅠ馬の多くは新馬戦で勝ち上がりますし、素質馬が勝ち上がる新馬戦の方が"負け残り"組のレースである未勝利戦よりも時計が速いと思う方もいるかもしれませんが、それは誤りです。大半のコースで新馬戦より未勝利戦の方が時計は速くなっています。

	東京1600m	中山1200m	中山1800m	京都1200m	京都1800m	阪神1400m
新 馬	36.5-25.9-37.4	35.4-38.1	39.1-40.1-38.8	36.3-37.1	37.8-39.6-38.0	35.9-12.6-38.2
	1'39"7	1'13"5	1'57"9	1'13"4	1'55"4	1'26"6
未勝利	35.7-25.8-38.2	34.6-38.5	37.6-39.4-40.1	35.7-37.5	37.2-39.1-38.6	35.4-12.4-38.5
	1'39"8	1'13"1	1'57"0	1'13"1	1'55"0	1'26"3

新馬 vs 未勝利　2歳戦の平均タイム・ラップ比較

　多くのコースで新馬戦より未勝利戦の方が時計が速くなる大きな要因は、テンのラップが大幅に速くなるから。全馬がデビュー戦である新馬戦より、レース慣れした2戦目以降に走る未勝利戦の方が、行きっぷりがよくなってペースが上がり、結果的に時計も詰まるという図式になっています。

　そしてもう一つ大きな注目点は、大半のコースで上がりだけは未勝利戦より新馬戦の方が速いということ。新馬戦のレベルは上がりに集約されがちなので、タイムの比較をする際にも新馬戦だけは時計が遅いからと言って評価を下げず、上がりだけが速ければ加点していいと考えます。ちなみに「テンは未勝利戦、上がりは新馬戦、そしてトータルの時計は未勝利戦の方が速い」というのは、本書で扱っているダートだけでなく芝のレースでもほとんどのコースで成立する法則ですので、上手く活用してください。

　またこの表を見ると分かるように、ほとんどのコースで新馬戦は未勝利戦より0.5秒以上テンが遅くなっています。このため短距離戦で「真の先行力」（「❸先行力」参照）を判断する時には、2戦目以降は新馬戦より0.5秒は速いラップでテンを走れると修正してから比較してください。

162　砂にまみれて飯を食う

実際の新聞を使っての攻略法

2017/1/7 京都10R 羅生門S（1600万下）

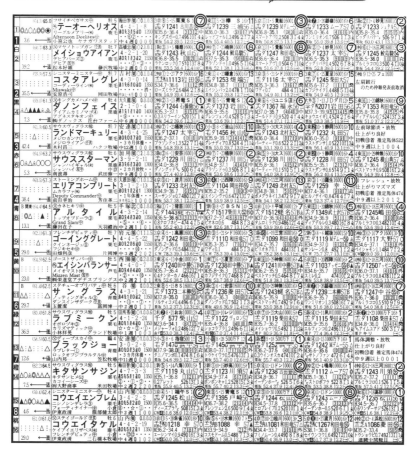

　まずは馬柱のなかで、同カテゴリー ②短距離底力「バタバタ」コースを全て○で囲み、同舞台の京都1400は◎で囲みます。また「このコースのココを見ろ」の対象になる ④中距離スピード「スイスイ」コースは、□で囲んで

第4章　さらに美味い飯を食うために　163

おきます。

　次に今回より1つ上のクラス（OP）にはレース名の上に1本ラインを、1つ下のクラス（1000万下）はレース名の下に1本ラインを、2つ下のクラスは2本ラインを引きます。なお、3歳OPは3月以前は1つ下のクラス、4月以降は同クラス扱いとします（詳細は「❼クラス」参照）。

　このレースは「○」の数がかなり多いので、これだけを見れば適性の序列を簡単に見渡せます。

　過去5走の馬柱のなかで「同級の同カテゴリーに複数回出走し、その全てで3着以内」なのは、①テーオーヘリオス2回・⑥サウススターマン3回の2頭だけ。なかでも⑥サウススターマンの3回は全て、特に評価できる「同カテゴリーの坂コース（◎ではなく○で囲んだもの）で先行しての好走」で信頼度が高い内容でした。

　他に「同級の同カテゴリー戦で5着以内」があるのは、②メイショウアイアンの1走前3着、⑤ランドマーキュリーの2走前4着、⑧アルタイルの2走前5着・1走前4着、⑨ゴーインググレートの5走前3着、⑪サングラスの5走前3着、⑭キタサンサジンの2走前2着の6頭。このなかで⑭キタサンサジンの同級2着は特に評価できる「同カテゴリーの坂コース（◎ではなく○で囲んだもの）で先行しての好走」でしたし、3走前には同コースの1000万下2着もあり、評価は最上位となります。対して②メイショウアイアン・⑤ランドマーキュリー・⑪サングラスの3頭は1回の好走以外は複数回全て7着以下、そして⑨ゴーインググレートの3着も8か月前で0.5差と着差も大きいので、信頼度はかなり低そう。これらよりはまだ⑧アルタイルが、相対的には評価できそうです。

　今回昇級戦組のなかでは、前走が評価できる「同カテゴリー坂コースで先行」の圧勝だった⑮コウエイエンブレムが抜けた評価になります。

　まとめると、評価も信頼度も高い⑥サウススターマンを中心に、①テーオーヘリオス・⑭キタサンサジンまでが主力、これに次ぐ⑧アルタイルと昇級組で抜けている⑮コウエイエンブレムまでが本線、という見立てになります。

　ちなみに「このコースのココを見ろ」の「**4中距離スピード「スイス**

164　砂にまみれて飯を食う

イ」コースでの先行しての好走」に当てはまるのは⑧アルタイルの5走前の1000万下勝ちぐらいなので、結果的にこの5頭が上位でまとめて良さそうです。1番人気の④ダノンフェイスは、3歳OPで1000万下相当で1着・1600万下相当で4着（「❼クラス」を参照）があるものの、同カテゴリーの3歳重賞では0.9差6着まで。前走の同級戦では休養明けとはいえ9着完敗なので、これだけ裏付けがある馬が揃った中では明らかに過剰人気で、思い切って狙いを下げるべき状況でした。5頭が崩れた場合の万が一のヒモ穴は、信頼度は低いものの同カテゴリーでの好走がある前述の②⑤⑨⑪ということになります。

2017/1/7 羅生門S（1600万下）京都ダ1400m良

着	枠番	馬番	馬 名	位置取り	人気
1	7	⑭	キタサンサジン	1-1	4
2	8	⑮	コウエイエンブレム	2-2	2
3	3	⑥	サウススターマン	3-3	6
4	1	①	テーオーヘリオス	3-3	3
5	1	②	メイショウアイアン	15-15	11
8	2	④	ダノンフェイス	6-6	1

単 勝	630円
複 勝	180円/170円/280円
枠 連	890円
馬 連	1250円
ワイド	410円/820円/880円
馬 単	2670円
3連複	3900円
3連単	19490円

　結果は、6番人気で中心とした⑥サウススターマンが3着。本線とした残り4頭が1・2・4・6着と上位を占め、5着にはヒモ穴で拾った②が突っ込んで、ほぼ見立て通りの決着となりました。ちなみに私自身は⑥サウススターマンからの3連複39倍をしっかり厚く取りましたが、実は主力とした①テーオーヘリオスが18キロ増・⑥サウススターマンが12キロ増と重め残りの不安があったので、主力のなかの残り1頭⑭キタサンサジンをもっと厚めに買う手もあったかもしれません。

　このように、馬柱のなかで「しっかり着順を見るべきレース」「一部だけを評価すべきレース」を色分けしていくイメージ。どちらでもないレースを無視するのも大切なポイントで、これによって馬柱の見え方が劇的に変わると思います。

第4章　さらに美味い飯を食うために　　165

"トッピング"によるアレンジで、高配当を仕留めた成功例

前述のように馬柱の見方を変えると有力馬は自然と浮かび上がってきますが、そこからさらに絞るには、この章で列記した様々な"トッピング"材料を考え合わせて該当馬を上げ下げする必要があります。いろいろなアプローチがありどう狙うかは自由ですが、第3章の各コース攻略のなかでも取り上げたレースに関して、個人的に馬券でも上手く行ったパターンを2つ掘り下げて掲載しておきますので、参考にしてください。

枠順データで思い切って買い目を寄せたパターン

2016/4/2　阪神11R・コーラルS（OP）

ダート1400m　2短距離底力 バタバタ コース

「同カテゴリー2短距離底力「バタバタ」コースのOPで、出走したレース全てが6着以内」という能力&適性が明らかな馬は、②レッドファルクス・⑤サクラエール・⑪タイセイファントム・⑬ブライトラインの4頭。これに加えて、同カテゴリーでの4戦連続4着以内の①ナガラオリオンや、同カテゴリーで6・2・1着と調子を上げている⑦グレイスフルリープらも有力。更に今回は昇級戦ですが、OPでも5走前に「このコースのココを見ろ」該当の4中距離スピード「スイスイ」コースでの先行しての3着がある⑭ノボバカラまで、有力馬が多いレースとなりました。

ここまで混戦だと、逆にシンプルに「外枠優位」の馬券で決め打つのは有効な手段です。正直このレースの馬券に買い方にはいろいろあっていいと思いますが、私は有力馬①②⑤⑦⑬⑭のうち、有利な6～8枠の⑪⑬⑭の評価を上げて臨んでみました。なかでも同カテゴリーで前年ユニコーンS（3歳GⅢ）2着がある⑭ノボバカラを1着固定とした3連単を買ってみたところ、少額で大きな払い戻しを得ることができました。

2016/4/2 コーラルS（OP） 阪神ダート1400m良

着	枠番	馬番	馬 名	位置取り	人気
1	8	⑭	ノボバカラ	2-2	3
2	7	⑪	タイセイファントム	5-5	8
3	8	⑬	ブライトライン	5-4	4
4	2	②	レッドファルクス	7-7	6
5	5	⑦	グレイスフルリープ	3-2	1
6	1	①	ナガラオリオン	12-11	7
7	6	⑩	キョウエイアシュラ	12-11	10
8	4	⑤	サクラエール	10-10	2
9	4	⑥	ウォータールルド	9-7	11
10	3	④	サトノプリンシパル	1-1	5
11	7	⑫	ゴールドベル	14-13	13
12	6	⑨	フミノファルコン	7-7	9
13	3	③	ダイヤノゲンセキ	10-13	14
14	5	⑧	クールホタルビ	3-6	12

単 勝	420円
複 勝	190円 /870円 /200円
枠 連	4560円
馬 連	10570円
ワイド	2460円/ 490円/ 3290円
馬 単	15600円
3連複	16480円
3連単	104680円

照会結果一覧

受付番号	
受付番号	0024
受付時刻	15:26
受付ベット数	12
購入金額	2,400円
払戻金額	209,360円

投票内容

(1) 阪神（土）11R　14→4頭→4頭
的中　3連単1着ながし　各200円

照会結果一覧

受付番号	
受付番号	0025
受付時刻	15:27
受付ベット数	42
購入金額	4,200円
払戻金額	104,680円

投票内容

(1) 阪神（土）11R　14→6頭→6頭
的中　3連単1着ながし　各100円

(2) 阪神（土）11R　14→4頭→4頭
　　3連単1着ながし　各100円

照会結果詳細

(1) 阪神（土）11R
　　3連単1着ながし

1着： 14

相手： 01,05,11,13

各200円	合計2,400円

投票結果詳細

(1) 阪神（土）11R
　　3連単1着ながし

1着： 14

相手： 01,02,05,10,11,13

各100円	合計3,000円

第4章　さらに美味い飯を食うために　167

「真の先行力」上位馬を決め打ったパターン

2016/8/7 札幌2R 3歳未勝利

ダート1000m ①短距離スピード ビュンビュン コース

　同カテゴリー①**短距離スピード「ビュンビュン」コース**での馬券圏内は、①ショウサングランドが3回、③ロイヤルフレアが2回、⑤グランジュテが1回。これらが揃って先行しやすい内枠が引けたので、すんなりした展開が想定できましたが、結果から言えばこの3頭が馬券圏内を独占する簡単な決着でした。

　この3頭は全て前走函館1000mを走っており、テン2Fはそれぞれ23.5・23.2・23.6。このうち最もテン速かった③ロイヤルフレアは、休養明けながら2番手からの流れ込みで3着。函館1000の同級戦の平均テン2Fは23.2なので、通常ならば逃げられるラップで逃げ馬の外を回しながら好走した計算になります。更にこの馬の前々走は稍重馬場とはいえ新潟1200でテン33.5を使っており、同舞台の未勝利平均34.5よりかなり速いラップを踏みながら、2着好走できたことになります。「真の先行力」の比較で最上位は③ロイヤルフレアですが、初ダートの馬が人気していることもあってなぜか単勝6番人気。ここから入れば十分妙味も追える状況で、初ダート馬絡みの3連複も押さえつつ、本線の馬単・3連単ダブル的中でしっかり稼ぐことができました。

2016/8/7　3歳未勝利　札幌ダート1000m良

着	枠番	馬番	馬　名	位置取り	人気
1	3	③	ロイヤルフレア	1-1	6
2	1	①	ショウサングランド	6-6	2
3	5	⑤	グランジュテ	2-2	4
4	6	⑧	タイトルリーフ	9-9	5
5	7	⑩	ルルインザレイン	8-7	9
6	4	④	クインズフェザー	10-9	3
7	5	⑥	リフレクシブラヴ	12-12	10
8	6	⑦	ダイシンヤース	2-2	11
9	2	②	フェイス	6-7	1
10	7	⑨	ショウザイシンホー	2-2	7
11	8	⑪	ラフェデビジュー	2-5	12
12	8	⑫	シャインメルシー	10-9	8

単　勝	1460円
複　勝	310円/ 140円 /200円
枠　連	1820円
馬　連	1720円
ワイド	590円/ 1010円/390円
馬　単	4410円
3連複	2690円
3連単	17870円

受付番号	照会結果一覧

受付番号	0024
受付時刻	10:10
受付ベット数	13
購入金額	25,200円
払戻金額	276,360円

投票内容

(1) 的中	札幌（日）2R　馬連B	3組 各3,600円	
(2) 的中	札幌（日）2R　3連単B	6組 各1,200円	
(3)	札幌（日）2R　3連複軸2頭ながし	01－03－2頭 各2,400円	
(4)	札幌（日）2R　3連複軸2頭ながし	03－05－2頭 各1,200円	

第4章　さらに美味い飯を食うために　169

おわりに

本書を手に取っていただき、ありがとうございました。

初めての試みとして「直接ラップを分析せずに、ラップ分析の要素を取り込んで予想する」というテーマに取り組んでみましたが、いかがだったでしょうか。

もちろんラップタイムの細かいデータも掲載していますし、背景にはラップ分析に基づく考え方を盛り込んでいますので、従来の"半笑い"の著書をお読みいただいている方にも、最新のデータや考え方の補完として、十分読み応えのある内容になったと自負しています。

蛇足ですが、本書は決して「必勝法」でもなければ「自慢記」でもありません。

正直に言うと、本書で挙げた「狙える馬・買える馬」の例は、私自身がそのレースの時点では買っていなかった馬や予想していなかったレースなども含まれています。当然ですが、私自身が事前予想で完璧に的中した納得のいくサンプルレースが全コースで発生するのを待っていては時間が掛かり過ぎてしまいますので、自身がリアルタイムでは見逃していた馬も含めて事後分析して理論を構築し、そのなかで分かりやすいサンプルレースを挙げています。これは予想理論の解説本という意味では当然のことですし、大多数の方にはご理解いただいているのですが、ごく稀にご批判をいただくので念のために記しておきます。

カッコよく言えば「俺の屍を越えてゆけ」といったところですが、私が外した、或いは買っていないレースも含めて分析した結果が、皆さんのお力になれればとても幸いです。

競馬は僅かな条件が変わるだけで、結果がガラッと変わってしまうゲームです。

すべての要素を考えつくして全く死角がないはずの本命馬であっても、隣

の馬が出遅れただけでつられて一歩目が遅くなったり、外的な小さな不利の積み重ねで負けてしまうことは当然発生します。なので、本文中でも何度か書きましたがあくまでも「競馬＝ギャンブル」であることを念頭に置いて、自分の馬券がどのような類のギャンブルに挑むものなのかを、常に意識することをお勧めします。

　本書に即して言うと、買い材料（「このコースはそのまま信頼できる！」「このコースのココを見よう！」）を満たす要素の数が多いほど死角がなく信用できるので、そういう馬を軸として買うのが最もオーソドックスな買い方ですが、ほとんどの場合で人気するのでオッズとの戦いになります。逆に買い要素は少なくても全く人気がなければ、1戦だけの高評価で戦略的な本命に抜擢して、手広く流すという手もあるでしょう。それぞれに不確定要素があるので、自分が挑みたい"ギャンブル"を選択するという意識を持つと、納得のいく馬券が買えると思います。

　この場合の納得は、言い換えると自己満足です。

　「絶対に信頼できる」と思った軸馬がキッチリと勝ち負けした時に当たり馬券を持っていたいのか、「可能性は低いがオッズ的に勝負になる」と睨んだ穴馬が馬券圏内に飛び込んだ時に当たり馬券を持っていたいのか…これはどこまで行っても自己満足の範疇です。自分が満足できるスタイルを模索して、しっかり意識して馬券を買うようにすれば、単なる当たり外れや損得だけでない勝負の世界を味わえると思います（もちろん勝つに越したことはないのですが）。

　そのスタイルを作り上げる際に、本書の要素を取り入れていただければ、競馬予想・分析を生業をする者としてはこの上ない喜びです。

2017年2月　半笑い 拝

半笑い Hanwarai

一橋大学卒。日本テレビ在籍時に始めた競馬予想ブログ『破滅へのカウントダウン』が独自の予想理論と帯封をものにする大勝負で人気を博し、月10万アクセスを誇るブログとなる。2007年にメディアデビュー。同年の皐月賞◎ヴィクトリー（7番人気）○サンツェッペリン（15番人気）での本線的中は伝説となっている。現在はフリーの競馬予想家・ライターとして活躍中。主な著書に『半笑いの馬券術』『人生が変わる競馬 ～ダート中距離があれば永遠に飯が食える～』『私が、太く張れる理由 人生が変わる競馬2～ここ一番の大勝負は、ダート短距離で決める！～』（全て白夜書房刊）、『競馬で喰うためのラップタイムの参考書』（ガイドワークス刊）。日本プロ麻雀協会所属「高見直人」名義の麻雀プロとしての顔も持つ。

砂にまみれて飯を食う
午前中に勝ちを決め最終レースで駄目を押す"ダート競馬"の儲け方

2017年3月1日　初版第1刷発行

著　　　者	半笑い（はんわらい）
発　行　人	慶徳康雄
装　　　幀	雨奥崇訓
写　　　真	橋本　健
馬柱提供	競馬ブック
印刷・製本	株式会社　暁印刷
発　行　所	発行所　株式会社ガイドワークス

編集部　〒169-8578　東京都新宿区高田馬場4-28-12　03-6311-7956
営業部　〒169-8578　東京都新宿区高田馬場4-28-12　03-6311-7777
URL　http://guideworks.co.jp

本書の内容の一部あるいは全部を無断で複合複製（コピー）することは、法律で認められた場合を除き、著作者および出版社の権利の侵害となりますので、その場合は予め小社あてに許諾を求めて下さい。

©Hanwarai

最新の馬券理論、旬のインタビュー、
オリジナルデータ、POG情報…

競馬の勝ち方を読む!

目指すは読者全員を勝たせるツール!!

最先端の儲かる理論を
発信し続ける馬券攻略誌

競馬王

偶数月8日発売

定期購読受付中!

雑誌
競馬王

馬券トレンド2017
今年はこれで勝つ!!

香港国際競走&マカオ国際男女混合
ジョッキーズチャレンジ

進化し続けるレジェンド馬術
短縮ショッカー

海外競馬
的中の切り口

1億5000万円稼いだ
馬券裁判男

ダート競馬で
ボロ儲け

亀谷敬正

山崎 元
経済学で競馬に勝てるのか会議

読者全員を勝たせるツールを目指し、毎週使える超実践的データを収録!!

お申し込みいただいた方には、
なんと年間1冊サービス!! **購読料9990円**（送料無料）

お申し込みいただいた方には、なんと年間1冊サービス!!　特別定価1998円×6冊－1998円　※購読期間は1年間

【電話での申し込み】弊社営業部（03-6311-7777）までお問い合わせください。
【メールでの申し込み】sp@keibaoh.comに郵便番号、住所、氏名、電話番号、購読開始の月号をお送りください。
購読料金を記載しました払込取扱票を送らせて頂きます。なお、お申し込みは発売1週間前までにお願いします。

増補改訂版 競馬に強くなる 調教欄の取扱説明書
井内利彰　本体1600円+税

1億5000万円稼いだ馬券裁判男が明かす 競馬の勝ち方
卍　本体1500円+税

海外競馬
秋山響　本体1500円+税

鉄板競馬 勝つためのプレミアム・データ&テクニック
10周年記念12馬券福神SP
グラサン師匠　本体1800円+税

回収率をあげる オッズ馬券の教科書
大谷清文　本体1500円+税

コース別 本当に儲かる騎手大全 2016秋-2017
伊吹雅也　本体1800円+税

全106コース対応 山崎エリカの 逃げ馬必勝ナビゲーション
山崎エリカ　本体1850円+税

そうだったのか！ 今までの見方が180度変わる知られざる競馬の仕組み
橋浜保子　本体2300円+税

コース別馬券攻略ガイド 軸 2nd Edition
競馬王編集部 編　本体1650円+税

コース別馬券攻略ガイド 穴 2nd Edition
競馬王編集部 編　本体1650円+税

絶対軸馬・絶対穴馬 安定黒字を実現する「競馬ブック」スピード指数活用ガイド
米田幸憲　本体1800円+税

怒濤のVライン コース別革命 ver.
松沢一憲　本体1800円+税

競馬研究所1
亀谷敬正 監修／競馬研究所 著　本体1600円+税

ウルトラ回収率 2017-2018
伊吹雅也 監修／競馬王データ特捜班 編　本体1850円+税

競馬王テクニカル 馬券の基本編
競馬王編集部 編　本体1650円+税

砂にまみれて飯を食う 午前中に勝ちを決め最終レースで駄目を押す"ダート競馬"の儲け方
半笑い　本体1650円+税

オッズテクニカル
競馬王編集部 編【3月発売予定】本体1600円+税

合理主義競馬 必然の好走を見抜いて競馬に勝つ絶対ルーティン
本島修司【3月9日発売】本体1600円+税

消去法 シークレット・ファイル 2017-2018
高橋学【4月7日発売】本体2770円+税

コース別 本当に儲かる血統大全 2017-2018
伊吹雅也【4月12日発売】本体1570円+税

競馬王の競馬本シリーズ

地方交流重賞で丸儲けする男の本
～馬券でポイントも貯める驚異の財テク利殖術～
梅野祐介（n-ice）著
競馬王編集部 編
本体1600円+税

ウマゲノム版 種牡馬辞典 2015-2016
今井雅宏
本体2750円+税

やっぱり儲かる外国人騎手
M・デムーロ、C・ルメール他、凄腕ジョッキーの正しい狙い方
永野昌治 著
JRDB 監修
本体1800円+税

京大式で大儲けする本
棟広良隆×久保和功
久保和功
本体1370円+税

ギャンブルのセオリー
図解 博才が必ず身に付く
最強ギャンブラー芸人じゃいばかりがなぜ儲かるのか？
じゃい（インスタントジョンソン）
本体1296円+税

競馬王テクニカル 儲けの法則編
競馬王編集部 編
本体1650円+税

コース別 本当に儲かる騎手大全
伊吹雅也
本体1570円+税

京大式 推定3ハロン 実践攻略データブック
久保和功
本体1380円+税

競馬大的中 2015秋 GI前半号
競馬王編集部 編
本体926円+税

京大式で大儲けする本 special
棟広良隆×久保和功
本体1500円+税

馬券特効薬
亀谷敬正
藤代三郎 編
本体1800円+税

競馬大的中 2015秋 GI後半号
競馬王編集部 編
本体926円+税

競馬 勝つための洞察力
時代の絶対強者を見抜く玄人の戦術
本島修司
本体1500円+税

ウルトラ回収率 2016-2017
競馬王データ特捜班 編
本体1850円+税

JRA全競馬場・コース完全解析 コースの鬼！ 3rd Edition
城崎哲
本体1852円+税

馬券力検定 軸&穴
競馬王編集部 編
各本体926円+税

消去法 シークレット・ファイル 2016-2017
高橋学
本体2770円+税

図解で学ぶ 1番人気 鉄板の条件・消しの条件
奥野憲一
本体1800円+税

コース別 本当に儲かる血統大全
伊吹雅也
本体1570円+税

競馬王のPOG本 2016-2017
競馬王編集部 編
本体1600円+税